창고의 다윗

창고의 다윗

주성영 지음

한국경제신문

누군가가 창고에서 내가 미처 생각하지 못한
새로운 것을 개발하고 있을까 두렵습니다.

_ 빌 게이츠

창소기업이 경제민주화다

김종인_ 전 새누리당 국민행복추진위원장

2012년 총선과 대선의 화두는 경제민주화와 복지였습니다. 왜 이 두 단어가 선거의 중요 이슈로 떠오르게 되었을까요?

한국 경제는 1962년 1차 경제개발 5개년 계획이 추진되면서 세계 경제사에서 가장 빠른 기간 내 산업화에 성공했습니다. 이를 우리는 경제의 압축성장이라 표현합니다. 아울러 경제개발의 성공은 국민들의 의식 수준을 향상시켜 정치의 민주화도 이룩하게 만들었습니다. 그래서 우리는 세계인에게 산업화를 통한 고도의 성장과 정치 민주화를 동시에 달성한 국가라는 칭송을 받고 있습니다. 물론 이와 같은 성공은 기업가와 정부가 부단한 노력을 기울인 결과이기도 하지만 무엇보다 대한민국 국민들의 인내와 역동성이 가져온 산물일 것입니다.

그러나 정부의 정책적 주도로 이루어진 압축성장의 결과는 재벌이라는 경제세력을 만들어냈고, 이들 집단의 무한한 탐욕은 한국 경제에 구조적인 모순과 사회적 긴장을 초래하였습니다. 대표적인 예로 오늘날 한국 사회의 갈등구조를 심화시킨 1997년 외환위기를 들 수 있습니다. 1993년 탄생한 문민정부는 경제성장률에 집착하여 대기업 집단들의 요구를 수용하여 금융의 규제를 풀고, 투자 자율화를 용인하여 과잉부채, 과잉투자 그리고 과잉시설을 발생하게 했습니다. 이것이 바로 외환위기의 근본 배경입니다.

만약 최근 강조되고 있는 시장 원리에 따라 외환위기가 처리되었다면 과연 오늘날과 같은 한국 경제가 존재할 수 있었겠습니까? 결국 1997년 외환위기는 정부의 공적자금 투입이라는 수단을 통하여 극복할 수 있었습니다. 2008년 9월 15일 투자은행 리만 브라더스 부도 사태로 인해 발생한 미국과 영국 등 대형 은행들의 붕괴도 정부의 적극적인 재원 지원 없이는 생존이 불가능했습니다. 이를 단적으로 표현하면 이윤은 사유화하고, 손실은 사회화하는 결과를 가져온 것입니다. 이러한 경험에도 불구하고 정권교체기마다 새로이 출범한 정부들은 한국 경제 현실에 대한 정확한 인식을 하지 않고 성장률 제고를 위해 대규모 경제 집단들의 요구에만 집착하는 경향을 보여주고 있습니다.

외환위기는 대기업 집단들에게 한 가지 교훈을 남겨주었습니다. 이들은 수익 전망이 보이지 않으면 자금 여유가 있어도 예전처럼 영토 경쟁을 위한 투자를 하지 않는다는 점입니다. 만약 수익 전망이 확실하면 규제가 있어도 이들 기업들은 우회적인 방법을 통해서라도 투자를 감행합니다. 그럼에도 정부는 이러한 기업들의 성향을 인식하지 못 한 때문인지 대기업 집단들의 일방적인 주장에 영합하는 경향을 보입니다.

냉정하게 말하면 경제 현상도 자연 현상과 비슷한 속성이 있습니다. 사람이 태어나서 유년기와 소년기에는 성장 속도가 빠르다가 청년기에는 성장 속도가 느려지는 것에 비유되는 것이죠. 현재 한국 경제 상황도 경제의 성숙기에 도달하여 경제성장의 의지만 갖는다고 과거와 같은 성장률의 실현은 가능하지 않습니다. 이러한 현상은 노무현 정권과 이명박 정권에서 체험한 바 있습니다. 이명박 정권은 경제 현실을 무시한 성장률 목표를 달성하기 위하여 '기업 친화적'이라는 구호를 내걸었고, 심지어 특정 대기업의 탐욕을 충족시키기 위해 군사시설까지 변경했지만 역대 정권 중에 가장 낮은 성장률을 기록했습니다. 앞으로 한국 경제에 새로운 활력을 불어넣기 위해 우리는 당면한 경제현실을 냉정하게 인식할 필요가 있습니다.

이제 정부의 경제정책은 대기업 집단들의 투자에만 매달리는 지금까지의 방식에서 탈피하는 새로운 정책의 전환이 필요한 시기입니다. 경제정책의 획기적인 전환 없이는 당면한 경제와 사회의 구조적인 문제가 해소될 수 없음은 물론이고, 이로 인한 대기업과 중소기업 간의 갈등, 소득분배의 왜곡으로 인한 양극화 심화는 성장의 효율과 안정에 커다란 장애요인이 될 것입니다. 따라서 정부정책은 1962년 본격적인 산업화 이후 50년이 넘게 지난 2013년 현재 그동안 누적된 경제·사회적 제반 모순의 시정을 요구하는 국민들의 소리를 겸허히 받아들여야 할 것입니다. 이것이 2012년 치러진 총선과 대선 과정에서 '경제민주화와 복지'라는 구호가 국민들에게 광범위한 지지를 이끌어낸 것입니다.

정부의 경제정책은 성장률 제고를 위하여 항상 되풀이되어온 대기업 의존에서 탈피하여 다양한 중견 및 소기업이 창의성을 발휘할 수 있는 경제 여건을 만들어야 할 것입니다.

이러한 우리의 경제 현실을 직시하면서 주성영 전 의원이 펴낸 이 책은 본인이 중소기업 법률 지원 활동을 통해 터득한 체험과 선진국들의 사례를 구체적으로 열거하면서 한국 경제의 미래를 위해 창소기업의 역할을 강조했습니다. 또 창소기업의 육성을 위한 정부정책의 역할도 소상하게 고찰했습니다.

대기업 집단들이 지배하는 한국 경제의 현실에서, 창소기업이 사회적 배려 속에 공정하게 경쟁하여 싹을 틔우고, 시장원리에 따라 왕성하게 꽃을 피울 수 있다면 그것이 바로 경제민주화 실현의 중요한 일부분이 아니고 무엇이겠습니까? 창소기업이 바로 경제민주화입니다.

2013년 10월

김종인

앨브루스의 정리
생업과 미래를 위한 가치

유럽의 가장 높은 산이라고 하면 알프스 산맥의 몽블랑을 떠올리는 사람들이 많은데 사실은 그렇지 않다. 유럽 최고봉은 엘브루스 산(5,642m)이다. 카스피 해에서 흑해 위쪽까지 동서양을 가르는 1,500km의 코카서스 산맥이 있는데 엘브루스는 이 산맥의 주봉이다.

코카서스와 엘브루스는 모두 신화의 땅이다. 먼저 코카서스는 저 유명한 시지포스의 끝없는 업보를 품고 있다. 제우스 신의 노여움을 산 시지포스는 큰 바윗덩어리를 코카서스 산의 꼭대기까지 밀어 올리라는 명을 받는다. 그런데 꼭대기로 바위를 밀어 올리면 산 아래로 굴러떨어지고, 밀어 올리면 다시 굴러떨어지고를 반복한다.

엘브루스는 프로메테우스의 산이다. 인간에게 불을 전해준 죗값으로 제우스 신의 화를 산 프로메테우스는 엘브루스 산 정상의 바위에 묶였다. 그리고 낮에는 독수리에게 간을 파 먹히고 밤에는 간이 재생되는 형벌을 받았다. 대신 인간은 불을 얻으면서 만물의 영장으로 진화할 수 있게 됐다.

2013년 8월 (사)대구등산학교 설립 30주년 기념등반대의 일원으로, 개인적으로는 (사)중소기업법률지원센터의 설립 1주년 및 사단법인화 기념으로 엘브루스 산을 등반했다. '여기는 인간이 사는 땅과는 다르다.'고 윽박지르는 듯한 5,642m 높이에서 겪는 고산증과 영하 40~50℃의 강추위, 그리고 체감온도를 더 떨어뜨리는 강풍과 눈보라… 필자를 포함한 우리 등반대는 자연을 상대로 악전고투를 벌인 끝에 등정에 성공했다.

지금 이 글을 쓰고 있는 곳은 모스크바에서 올라탄 인천행 비행기 안이다. 초고를 완성한 후 엘브루스 산행에 나섰다가 신화의 정기(?)를 받은 그 느낌을 살려 프롤로그를 쓰고 싶었기 때문이다.

프롤로그는 거창하게 신화로 시작했지만 사실 만만치 않은 이번 등반에서 얻은 것은 아주 단순한 진리였다. 정작 엘브루스 정상에서는 자연의 절경을 눈에 담았을 뿐이고, 오고 가는 긴 여정에서 '사람 사는 이치'에 더 집중했던 것이다.

여정은 길었다. 8월 5일 인천을 떠나 9시간을 날아 모스크바에 도

착했고, 다시 작은 비행기로 갈아타 2시간 정도를 더 이동해 민보디 국제공항에 닿았다. 하지만 신화의 땅은 여기서도 한참이었다. 셔틀버스를 타고 4시간을 더 달려야만 하룻밤을 묵을 데스콜 산장이 나타났다. 서울-대구 정도의 거리였는데 눈이 부시게 아름다운 박산계곡 덕에 지루한 줄 몰랐다. 다음 날 아자우로 갔고, 그곳에서 다시 케이블카와 스키장 리프트를 번갈아 타고 도착한 곳이 해발 3,700m 카라바시 배럴 산장이었다. 바로 엘브루스 등정의 베이스캠프였다. 돌아오는 여정은 역순이었다.

모스크바에서 엘브루스 턱밑까지 오가는 동안 눈에 들어온 러시아의 중소도시와 농촌, 폐광촌 주민들의 삶은 우리네 그것과 크게 다르지 않았다. 신흥국의 선두주자 대한민국이나 사회주의 실험을 마친 러시아나, 서민들이 살아가는 이치는 비슷한 듯싶었다. 거친 땅에 농사를 짓고, 장사를 하고, 작은 공장의 굴뚝에서는 연기가 피어올랐다. 다들 생업에 바빴다. 그리고 해질녘 저녁을 먹으러 가는지 걸음을 재촉하는 아이들의 모습까지 러시아에서도 서민들의 질펀한 삶은 오롯이 반복되고 있었다.

시민사회의 요건은 대체로 다음 7가지로 압축할 수 있다.

먼저 식(食)·주(住)·건(健) 3가지다. 사람은 먹어야 산다. 물이 최우

앨브루스 산_정상에 선 필자

선이다. 다음 비바람을 막고 생활의 거처가 될 집이 있어야 한다. 여기에 현대인은 건강한 삶을 누리기 위해서 의료시설과 약품, 그리고 이와 관련된 전문 인력이 필요하다.

둘째는 규범과 환경, 2가지다. 규범은 종교와 도덕, 그리고 법질서이다. 규범은 사회를 지탱하는 보이지 않는 기둥이다. 기둥이 무너지면 건물이 무너진다. 역설적이게도 규범의 본질은 자유이고, 또한 그 자유를 지켜주는 것이다. 타인에게 폐를 끼치지 않고, 사회가 용인할 수 있는 범위가 그 자유의 한계다. 규범은 공동체를 전제로 한다. 한마을에서 굶어죽은 사람이 생기거나, 절도나 살인이 났을 때에도, 공동체의 사회적 책임으로 함께 고민해야 한다. 환경은 생활환경, 자연환경, 문화환경, 역사환경을 말한다. 환경은 규범의 내용을 담는 그릇이고 형식이다. 환경은 몸으로 느껴지고, 손으로 만져지고, 눈으로 확인되어야 한다. 환경의 목표는 존재를 넘어 감동이다.

셋째, 생업(生業)과 미래다. 맹자도 '항산(恒産)이 있어야 항심(恒心)이 있다.'고 하지 않았던가. 생업은 일자리다. 오늘날 일자리가 곧 복지의 시작이고 끝이라 해도 과언이 아니다. 시민사회의 리더들에게는 '일자리 만들기'라는 사회적, 규범적 의무가 주어져 있다. 끝으로 시민사회와 개인에게는 미래에 대한 비전이 있어야 한다. 사람은 오늘만으로는 살 수 없다. 미래에 대한 희망과 설계가 있어야 오늘이 가능하고 행복하다. 인간은 살아온 과거에서 새로운 미래를 조망하기도 하지만, 완전히 다른 미래에서 과거를 새롭게 해석하기도 한다. 이는 시민사회도 하나의 유기체적 성격을 띠고 있는 까닭에 마찬가지다.

이 책은 이 7가지 중 생업과 미래와 관련된 문제를 다루고 있다. 한국을 떠나올 때부터, 책을 구상하면서부터, 내 머리를 떠나지 않는 화두는 '삼성전자'였다. 우리의 자랑스러운 세계 초일류기업 삼성전자는 그 자체가 바로 삼성그룹이고 대한민국이다. 여의도 국회의사당이

한강물에 떠내려가 서해바다에 잠겨도 나라가 부도나지 않지만, 삼성전자가 부도나면 대한민국이 부도난다. 그런데 지금의 삼성전자는 아주 위태로워 보인다. 내 눈에만 그렇게 보인다면 다행이겠지만 많은 사람들이 삼성리스크를 걱정한다.

문제가 있다면 해답이 있어야 한다. 그 답은 바로 '창소기업' 이다. 이 책에서는 이걸 얘기하려고 한다. 신화(엘브루스)에서 현실(한국)로 복귀하는 하늘에서 나만의 결론을 내렸다.

"창소기업을 만들자! 삼성전자는 이미 삼류이기 때문이다."

2013년 광복절,

AEROFLOT SU250 기내에서

주 성 영

차례

3장 Start Up Korea!

4장 바보야, 문제는 교육이야

삼성전자는 이미 삼류다

왜 창소기업인가?

이 책을 준비하면서 주변에서 예지몽(豫知夢) 같은 식견을 인정받아 잠깐 기분이 우쭐했던 적이 있다. 2013년 6월 출판 미팅에서 창소기업을 주창하면서 나는 대기업의 한계를 지적했다. 그 사례 중 하나가 '삼성의 5대 신사업 추진(2009년 시작)'이었다. 나라의 자랑인 세계적인 기업이라고 해도 이런 식으로 허술하게 진행되는 프로젝트는 창조경제에 걸맞지 않고, 한계가 있을 수밖에 없으니 해체되거나 유명무실하게 될 것이라고 역설했다.

그런데 얼마 뒤인 7월 1일 삼성그룹이 미래전략실에 있는 신사업추진단을 해체한다고 전격 발표했다. 물론 이는 언론에 대서특필됐다. 삼성 측은 '신사업추진단이 5대 신수종 사업에 대한 인큐베이팅과 사업화에 주요한 역할을 수행했다. 신사업이 주요계열사 사업부로 넘어

감에 따라 해체했다.' 고 배경설명을 했지만, 업계와 언론은 고개를 저었다. 의료기기 분야에서만 최소한의 체면을 세웠을 뿐 나머지 4개 분야는 별 재미를 보지 못했다는 평가가 지배적이었다. 어쨌든 완전 실패. 당초 신사업 아이템을 잘못 선정했다는 비판도 나왔다. 이 소식을 접한 한 사람이 7월 출판 미팅 때 "미리 알고 계셨던 것 아니에요? 정말 소장님 말씀대로네요."라며 추켜세웠다. 아주 가까이서 창소기업에 대한 지지자를 한 명 확보한 덕분에 원고 작업이 한층 힘을 받는 덤도 얻었다.

이 일화를 소개하는 것은 어설프게 앨빈 토플러를 흉내 낸 내 자신을 뽐내기 위함이 아니다. 도대체 창소기업은 무엇이며, 그것이 작금에 얼마나 절박하며, 나아가서는 여기에 우리의 미래가 달려 있다는 것을 말해야 하는데, 눈만 부릅뜨면 주변에서 어렵지 않게 그 이유를 찾을 수 있다는 얘기를 하기 위해서다. 우리는 이미 재벌이나 대기업의 병폐와 한계를 나름 알고 있다. 이제는 창소기업을 말할 때가 됐다.

이 책은 앞으로 창소기업에 대해 쉼 없이 애기할 것이다. 사전에 양해를 구하고 싶은 것은 태생이 율사인 까닭에, 나름 털어내려고 노력했지만 딱딱한 법조문 투가 남아 있더라도 너무 야박하게 나무라지 않았으면 한다. 개인적으로 친분이 있는 사람들은 알겠지만 인간 주성영은 솔직하고, 유쾌하고, 그리고 겉모양새보다는 실속을 중시한다. 그래서 이 책에서는 하고 싶은 이야기를 가능한 효율적으로 전달하려고만 노력했다. 혹시 이 책에 이런저런 문제점이 있다면 직선적인 내 성격 탓이라는 것을 미리 밝혀둔다.

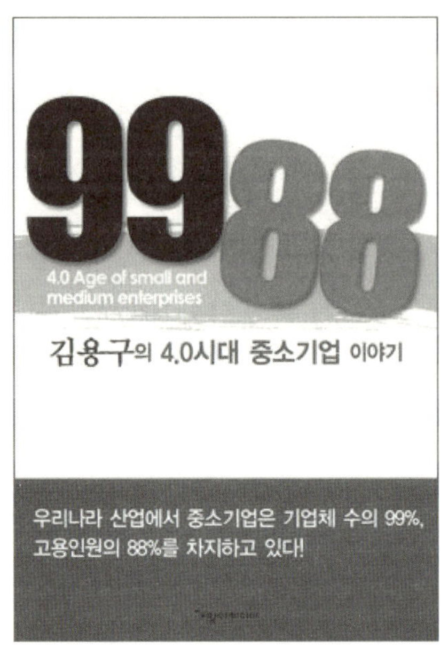

《9988: 김용구의 4.0시대 중소기업 이야기》

이 책은 3권의 책에 대한 오마주라고 할 수 있다. 3권의 책은 창소기업의 개념이 만들어지는 데 튼튼한 기초를 놓았다. 먼저 존경하는 선배이자 동료 의원이었던 김용구 전 중소기업중앙회장(18대 국회의원)이 2012년 3월에 쓴 《9988-김용구의 4.0시대 중소기업 이야기》에 감사를 전한다. 이 책을 나는 여러 번 읽었다. 중소기업의 중요성은 다들 알고, 진부할 정도로 강조하지만 역설적으로 현실에서는 무력하기만 하다. 9988은 '99세까지 팔팔하게(살자)'는 의미가 아니다. 우리나라 기업 중 99%가 중소기업이고, 국내 고용 중 88%가 중소기업에 의해 창출되고 있다는 상징적인 수치다. 쉽게 말해 '닥치고 중소기업'이 이 책의 주제다. 정말 좋은 내용이 많다. 가능한 많은 사람들이 이 책을 읽었으면 하는 바람이 있다.

두 번째는 '파란 눈의 한국인' 피터 언더우드가 쓴 《퍼스트 무버》이다. 언더우드는 연세대 설립자 호러스 언더우드 선교사의 4대손으로 생물학적으로만 서양인일 뿐, 한국에서 태어나 유년 시절을 보낸 토종 한국인이다(한국명 원한석). 이분이 때로는 한국인의 정을 듬뿍 담아, 때로는 서양인의 객관적인 시선으로 한국 경제에 "더 이상 '패스트 팔로어'로는 발전에 한계가 있다. '퍼스트 무버'가 돼야 한다."고 주장한 책이다. 공교롭게도 이 책은 《9988-김용구의 4.0시대 중소기업 이야기》와 같은 시기인 2012년 3월에 나왔다. 통찰력이 있는 사람들은 서로 다른 인생 궤적을 가졌다고 해도, 비슷한 시기에 비슷한 고민을 하는 듯싶다. 《9988-김용구의 4.0시대 중소기업 이야기》가 중소기업 육성의 중요성을 설파했다면, 《퍼스트 무버》는 창조경제와 일맥상통한다. 실제로 《퍼스트 무버》는 당시 이명박 대통령이 8·15경축사로 인용하면서, 장관들의 필독서로 제법 화제를 모았다.

세 번째 책은 좀 오래됐다. 1992년 이면우 당시 서울대 교수(지금은 울산과기대 석좌교수)가 써 전 국민적인 베스트셀러가 된 《W이론을 만들자》다. W이론은 한국만의 독자적 경영철학을 의미하는 상징적 이름으로, 한국의 과학기술계 및 산업계가 안고 있는 구조적인 문제점을 개선·극복하자는 메시지를 담았다. 이 세상에 없는 새로운 제품을 만들고, 세계시장을 선도하고, 독자 브랜드와 가격결정권을 가져야 한다는 이 교수의 주장은 21년이 지난 지금도 여전히 유효하다.

내용도 훌륭하지만 개인적으로는 그 의지와 실천력 그리고 그것을 알리는 방법에서 큰 영감을 받았다. 많은 이들이 W이론에 주목했지만 나는 '만들자'라고 과감하게 나서고 실제로 실천까지 한 이 교수에게 매료됐다. 그는 수많은 독자들이 시범을 보여달라는 요구에 말 그대로 '망할 각오를 하고' 학생들과 함께 ㈜하이브레이드, ㈜하이터치, ㈜페이퍼매직 등의 벤처를 시작해 지금까지 19개의 '세계 최초의 신제품'을 개발했다. 그가 개발에 참여한 제품 중에서 유아용 컴퓨터 KOBO, LG전자 벽걸이용 VCT-CD, 삼성 손빨래세탁기, 삼성 골고루전자레인지, 삼성 따로따로냉장고, 코오롱 하이필정수기 등은 올해의 히트상품에 선정되기도 했다. 아무리 좋은 아이디어도 적극적으로 알리지 않거나, 실천이 동반되지 않으면 사장되는 법이다.

중소기업과 창조경제를 주장한 이 세 권의 책에서 이 책이 나온 셈이다. 너무 단순해서 실망인가? 그렇지 않다. 세상의 진리는 단순한 법이다. 유명한 검객이나 바둑의 대가 등 진정한 고수의 주무기는 의외로 단순하다. 하나 아니면 둘이다. 알면서도 하수들은 대적하지 못한다. 서양에도 '오컴의 면도날'[1]이 있지 않은가? 아인슈타인의 논문은 짧은 것으로 유명하고, 왓슨과 크릭이 최초로 DNA 모델을 발표해서 노벨상을 받았던 논문도 〈네이처〉 지의 불과 1쪽 반 분량이었다. 마찬가지로 창소기업의 논리는 간명하면서도 중요하다.

---

1 Occam's razor. 한마디로 이론체계는 간결할수록 좋다는 논리다. 14세기 영국의 수도사이자 논리학자인 윌리엄 오브 오컴(William of Occam, 오컴의 윌리엄이라는 뜻, 오컴은 영국의 지명)에서 유래했다. 참고로 12년간 스티브 잡스와 가까이서 일을 해온 캔 시걸은 2012년 애플의 성공 비결을 추적한 《광적인 단순(Insanely Simple)》이라는 책을 출간했다. 애플 및 잡스의 매력이 단순함에 있다는 것이다.

중소기업에 꽂히다

2013년 6월 17일 한국 경제TV의 〈창조경제 INSIGHT〉라는 프로그램에 출연했다. 케이블채널이고, 오후 4시 반에 방송된 관계로 많은 사람들이 보지 못했지만 개인적으로는 아주 큰 의미가 있는 방송이었다. 그도 그럴 것이 경제 전문가(?)로 출연한 첫 방송이었기 때문이다.

정치를 하면서 본의 아니게 여러 번 방송에 나가게 됐다. 뉴스, 인터뷰, 그리고 토론 등. 그러다 보니 방송 출연은 제법 익숙한 편이다. 그런데 한국 경제TV의 주제는 정치도 법조 문제도 아니었다. 창조경제와 중소기업 등 경제 이야기였다. 처음에는 출연 제의를 여러 차례 고사했지만 내가 2012년 4월부터 대구와 서울에서 중소기업법률지원센터를 열고, 비교적 왕성하게 중소기업 지원 활동을 펼치고 있다는 것을 알고 있던 방송사 측의 권유로 인터뷰에 나서게 됐다.

남자의 변신은 어떻다 하는 시쳇말이 있는데, 그렇다, 나는 기본적으로 정치인이고 법률가지만 현재 공식적으로는 중소기업법률지원센터의 소장을 맡고 있다. 변신이라면 변신을 한 것이다. 그런데 나는 이 변신에 너무도 만족하고 있다. 여전히 정치인이라고 생각하지만 어쩌면 이 일을 하기 위해서 법을 배웠고, 정치를 한 것인지도 모른다는 생각이 들 정도다.

19대 총선에 불출마를 선언하고 나는 새누리당 대구시당 위원장으로 만만치 않았던 19대 총선(2012년 4월 11일)의 선두에서 열심히 뛰었다. 기대 이상으로 새누리당이 큰 승리를 거두고 난 후 나는 미련 없이 내 갈 길을 택했다(그해 12월 대통령선거에서 새누리당 박근혜 후보의 중앙유세단장을 맡은 것이 유일한 외도였다). 바로 중소기업이었다.

8년간 나를 정치인으로 키워준 고향 대구는 중소기업의 도시다. 국회의원을 하면서 자연스레 지역 중소기업의 고충을 많이 접했고, 이 문제는 비단 대구뿐 아니라 나라 전체의 숙제라는 것을 인식했다. 그리고 중소기업 문제를 파고들면 파고들수록, 경제는 물론 청년실업과 교육 등 광범위한 분야로 고민이 퍼져나갔다. 그래서 총선 뒷정리까지 깔끔하게 매조진 뒤 4월 28일 중소기업법률지원센터를 열었다. 말 그대로 법률과 정치력 등 내가 가진 모든 것을 동원해 중소기업 문제에 해답을 찾고 싶었던 것이다. 그리고 전국을 뛰어다니며 현장을 보고, 언론 보도와 책을 통해 중소기업 문제를 고민했다.

중소기업법률지원센터에는 현역 국회의원 7명이 자문위원으로 참가했다. 광역의원 몇 분과 젊은 기업인 10여 명도 가세해 발기인이 됐다. 개별 중소기업이나, 제도 및 정책적인 사안이 오면 이 고마운 분들과 함께 해결방안을 모색했다. 특히 국회나 광역시의회, 행정관청 등과의 소통에서 실무적인 일을 많이 처리했다. 서울과 대구에 사무소를 둔 이 센터는 나름 성공적이라고 자부하고 있다. 2013년 4월 29일에는 1주년 세미나를 개최했는데 '경제민주화의 대부' 김종인 전 새누리당 국민행복추진위 위원장과 김용구 전 중소기업중앙회장이 참석했다. 우리 헌법에 '경제민주화' 문구를 넣은 김 위원장은 "중소기업 시대가 와야 한다. 지금의 대기업은 박정희 대통령이 경제 발전을 위해 직접 챙기면서 키운 것이다. 지금의 재벌은 그렇게 만들어졌다. 한국 경제는 어쩔 수 없이 관제의 성격을 띤다. 마찬가지로 지금도 대통령이 직접 중소기업 육성을 챙겨야 한다. 대통령 직속으로 중소기업 문제를 다루는 기구를 설립할 필요가 있다."고 우리를 격려했다.

이 센터는 개인적인 필생의 과업으로 계속 안고 갈 생각이다. 현재는 센터가 법률적으로는 내 개인 법률사무소 형식이라는 한계가 있다. 내 이름으로 사업자 등록이 돼 있는 것이다. 그래서 장기적인 발전과 공익성을 확보하기 위해 현재 사단법인화를 추구하고 있다. 국민들이 투표로 마련해준 정치 경험을 바탕으로 중소기업을 지원하는 좋은 공적기구를 만들었고, 다시 그것을 국민과 시민에게 돌려주는 그림이다. 회비는 공익 목적으로만 사용되고, 회계는 인터넷에 공개되고, 정부기관으로부터 점검을 받으니 투명성을 확보하게 된다. 센터 이름도 사단법인화와 함께 '중소기업연구지원센터'로 개명할

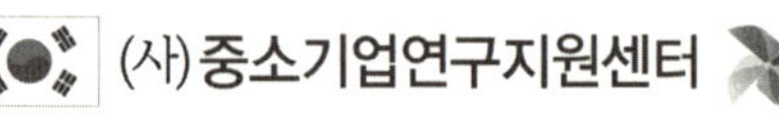

사단법인화를 마치고 새로 제작한 명함, 태극기는 그대로 맨 앞에 위치한다

계획이다. 다행히도 공감대가 커 아마도 2013년 내로 이뤄지지 않을까 싶다.[2]

어쨌든 이런 일련의 개인사로 인해 중소기업 전문가(?)로 한국 경제 TV의 초대를 받은 것이다. 법조인 출신의 정치인이 중소기업 문제에 대해 어떤 확신을 가지고 있는지를 설명하기 위해 방송 내용 중 한 가지만 소개한다.

방송 도입부

MC(한상춘 한국 경제신문 객원논설위원): 유명한 검사 출신으로 8년간 국회 의원을 역임했는데요, 지금은 중소기업법률지원센터의 소장을 맡고 계시네요?

주성영: 예, 18대 국회의원 임기 중인 2013년 4월 28일 센터를 설립했고, 이후 연말 대통령선거에서 새누리당 박근혜 대통령 후보의 중앙유세

---

2 이 책을 집필 중이던 2013년 8월 7일 (사)중소기업연구지원센터로 사단법인화가 이루어졌다.

단장으로 불려가 선거전을 치른 것 외에는 지난 1년여 간 중소기업 지원을 위해 전국을 뛰어다니고 있습니다.

MC: 명함을 받았는데 명함에 태극기가 있네요. 그 이유가 무엇이죠?

주: 예, 명함 오른쪽의 마크는 변호사 로고입니다. 법률지원센터이니까요. 그리고 왼쪽 앞에는 태극기가 있습니다. 센터 개설을 위해 중지를 모은 사람들이 중소기업을 상징하는 로고가 들어가야겠다고 생각했는데, 가만히 보니 중소기업이 곧 대한민국이고, 대한민국은 태극기 아니겠습니까? 그래서 대한민국을 상징하는 태극기를 센터의 로고에 포함시켰고, 명함에도 반영한 겁니다.

그렇다. 나는 중소기업이 곧 대한민국이라고 확신한다. 중소기업에 나라의 미래가 걸려 있다고 생각한다. 중소기업을 활성화시키지 않는다면 대한민국이 제2의 도약기를 마련하기는 어렵다고 우려하고 있다. 다들 중소기업이 중요하다고 하는데 말로만 그쳐서는 안 된다. 실천이 따라야 한다. 그렇지 않고서는 급변하는 세계 경제 환경에서 언제 한국 경제가 철퇴를 맞을지 모르는 것이다. 중소기업법률지원센터를 열고, 태극기를 집어넣고 하는 것은 이러한 실천 의지를 반영한 것이다.

창조경제를 접하다

마치 인생의 반려자를 만난 것처럼 중소기업에 푹 빠져 있는데 18대 대통령선거가 닥쳤다. 나는 새누리당 박근혜 후보의 중앙유세단장직에 임명되어 후보자와 함께 전국의 유세 현장을 누볐다. 지구 한 바퀴가 4만km라고 하는데, 이때 전국을 돈 거리가 1만 9,000km였다.

그런데 18대 대통령선거의 화두 중 하나가 '창조경제'였다. 이는 경제민주화와 함께 박근혜 후보의 경제철학에 양 축을 이뤘다. 경제민주화가 복지에 방점을 찍은 것이라면 창조경제는 그 뉘앙스부터가 '신명 나는 성장'에 초점을 맞추고 있다. 유세 과정에서 나는 자연스레 창조경제를 이해하고, 고민하고, 공부하게 됐다.

박근혜 대통령의 싱크탱크 격인 국가미래연구원을 이끌고 있는 '창조경제의 전도사' 김광두 원장(서강대 교수)은 2013년 4월 국가미래

연구원 홈페이지에 올린 '창조경제와 그 성공 조건'이라는 글에서 "창조경제는 새로운 아이디어의 창출(창조력), 새로운 아이디어나 기존 아이디어의 기존·새로운 기술과의 융·복합(응용력), 새로운 아이디어나 융·복합 기술의 사업화(실천력) 등이 활발하게 이루어지면서 중소·벤처기업의 창업이 활성화되고, 중소·대기업 간의 상생 구조가 정착되어 일자리 창출형 성장이 선순환되는 경제다."라고 정의했다.

맞는 말이다. 그런데 이렇게 어디에 갖다 놓아도 멋들어져 보이는 창조력, 융·복합, 상생, 일자리 창출형, 선순환 등의 어휘를 죽 늘어놓으니 사람들이 단박에 파악하지 못하는 측면이 있다. 실제로 새 정부 출범 후 반년이 된 2013년 7월 조사(전경련 실시)에서도 54.4%의 국민이 "창조경제가 뭔지 잘 모르겠다."고 답했다.

기본적으로 창조경제는 개념 자체가 무척 포괄적이다. 창조경제를 선도적으로 주창한 영국의 경영전략가 존 호킨스(호킨스어소시에이츠 대표)[3]도 "창조경제는 넓게 봐야 한다."고 말했다. "개인과 국가에 따라 다른 양상으로 나타날 수 있는 전혀 새로운 산업인 만큼 해당 국가에 맞는 모델 개발이 중요하다."는 것이다.

창의력을 바탕으로 제조업, 서비스업 및 유통업, 엔터테인먼트 산업 등에 활력을 불어넣는 게 창조경제의 핵심이다. 산업적 관점에서 살펴보면 단순히 기존 시장을 키우는 방식에서 벗어나 산업 간 융합

---

3 '창조경제'라는 말은 존 호킨스가 2001년 펴낸 《창조경제(The Creative Economy)》라는 책에서 본격적으로 사용했다.

의 터전 위에 새로운 시장과 일자리를 만드는 개념으로 통용된다. 특히 2008년 글로벌 금융위기 이후 본격적인 저성장의 늪에 빠진 주요 선진국들이 기존 정책인 제조산업 육성을 통한 일자리 창출과 글로벌 시장 장악 전략을 포기하고, 대안카드로 꺼내든 게 바로 혁신 주도의 창조경제다.

결론적으로 창조경제는 광의와 협의 두 가지로 이해할 필요가 있다. 먼저 이 창조경제라는 슬로건에는 한국 경제의 질적 도약을 위한 경제성장의 패러다임 전환이 그 밑바탕에 깔려 있다. 즉 기존의 추격, 모방형 경제에서 벗어나 선도, 창의형 경제로 나아가야 한다는 철학이 주춧돌인 것이다. 지금과 같은 방식(추격 모방형 경제, 대기업 위주 및 수출주도형 성장 전략, 고용 없는 성장)으로는 저성장에서 탈피하기 어렵고 한국의 미래가 어둡다는 것이다. 이것이 넓은 의미의 이해다.

좁은 의미에서는 첨단 과학기술 및 ICT(Information & Communication Technology, 정보통신기술) 등을 기반으로 산업·기술 간 융합을 통해 성장잠재력을 확충하고, 이를 통해 벤처기업 등 좋은 일자리를 만드는 것이다.

그런데 이 협의의 의미를 보다 쉽게, 나만의 방식으로 압축하자면 '3가지 단어'가 된다. 바로 아이디어(과학기술), 중소기업(일자리), 그리고 공정성이다. '아직 세상에 없는 선도적인 아이디어를 가진 중소기업을 육성하고, 이를 통해 일자리를 창출하는 것.' 좁은 의미의 창조경제를 말하라면 이것이 핵심이다. 여기에 공정성, 즉 경제민주화의 개념이 덧붙여져야 한다.

2013년 6월 19일 대구에서 열린 '2013년 중소기업 리더스 포럼'에 참가한 김광두 원장도 '창조경제의 핵심은 중소기업 기술 개발'임을 강조했다. "창조경제의 뿌리는 중소·벤처 기업에 달렸다. 특히 중소기업의 연구개발(R&D) 활동이 창조경제의 핵심이다."라고.

어쨌든 중소기업에 꽂혀 있던 필자에게 시대를 강타한 창조경제는 결코 낯선 것이 아니라, 오히려 중소기업의 발전 방안을 한층 풍부하게 만드는 핵심 키워드가 됐다. 그리고 그것은 '창소기업'이라는 선명한 단어로 도출됐다. 앞서 밝힌 이면우 교수의 《W이론을 만들자》도 한국만의 새로운 경영 기법이라는 시대적 가치를 'W이론'이라는 짧은 단어로 응축시킨 점에 임팩트가 있다.

창소기업은 창조경제와 중소기업의 합성어이다.

삼성전자는 이미 삼류다

이건희 삼성 회장의 1995년 베이징 발언은 이제는 전설이 돼버린 느낌이다. 당시 이 회장은 "(대한민국에서) 기업은 이류, 관료조직은 삼류, 정치는 사류다."라는 요지의 말을 해 국내에 큰 파문을 일으켰다. 당시 김영삼 대통령의 진노를 사 곤욕을 치렀다는 후문까지 있는데, 틀린 얘기는 아닌 것 같다. 김운용 전 IOC수석부위원장의 회고[4]에 따르면 김영삼 대통령은 마침 그 무렵 한국의 추가 IOC위원으로 이건희 회장을 추천했다. 그런데 '정치는 사류' 발언이 터지자 "없던 일로 하라."는 전갈이 날아왔다고 한다. 물론 이후 앙금이 가시면서 "이 회장이 그래도 제일 낫다."며 다시 힘을 실어줬고, 이건희 회장은 1996년

---

4 〈일요신문〉 '김운용이 만난 거인들' 1화 – 이건희 편(2010년 1월 10일)

삼성전자는 한국을 대표하는 글로벌 기업이다. 2012년 IFA 2012(베를린) 때 삼성전자 전시장 모습

IOC위원이 됐다.

눈치 빠른 독자라면 이 일화를 새삼 소개한 이유를 짐작할 것이다. 김영삼 대통령과는 상관없이 당시 이 회장의 발언은 '촌철살인'으로 부족함이 없다. 아직도 한국 정치는 고쳐야 할 것이 많지만 그래도 이 회장의 따끔한 지적 이후 선거 시스템, 정치자금, 탈권위주의 등 발전한 측면이 많다.

이제 마찬가지 방법으로 정치인인 필자가 이건희 회장과 삼성에게 "삼성전자는 삼류다."라고 일침을 가하고 싶다. 기분이 나쁠 수 있겠지만 이 자극적인 명제의 진정성을 이해했으면 한다. 그래야 삼성전자가 살고, 대한민국의 미래가 밝을 것이기 때문이다.

혹시나 불필요한 오해를 방지하기 위해서 정치인 주성영과 삼성의 관계를 신문기사 등 객관적인 자료를 바탕으로 미리 언급해두고자 한다. 나는 개인적으로는 친삼성도 반삼성도 아니다. 삼성전자를 삼류라고 하는 것은 대한민국 경제의 제2 도약, 그리고 그로 인한 서민들의 행복 증진을 위해 오래 고민하고, 냉철하게 분석한 끝에 나온 것일 뿐이다.

먼저 삼성특검 때의 일이다. 2007년 11월 23일 아침 〈동아일보〉는 1면 톱으로 '삼성 비자금 의혹 특검, 법사소위 통과 (중략) 靑, 거부권 검토 착수' 라는 제하의 기사를 보도했다.

필자가 법사위 간사로서 민주당과 삼성특검법 통과를 소위에서 합의해주자 당과 청와대가 발칵 뒤집혔다. 내가 왜 당론을 모르겠는가? 당시 당론은 '국민 여론이 나쁘니 공개적으로 특검법에 반대할 수는 없지만, 내심 무력화하자' 는 것. 한나라당 지도부가 표결 처리하겠다는 것은 법사위 인원 수에서 한나라당이 많으니까 부결시키겠다는 말이다. 우여곡절 끝에 막후에서 법안 내용에 대한 조정을 거친 후에, 삼성특검법은 필자의 주장대로 법사위 전체회의와 본회의를 통과했다.

당시 김용철 변호사의 폭로로 시작된 삼성 비리는 국민적 공분을 사고 있었다. 특검 없이 그냥 넘어간다면 상황은 더 나빠질 것이 명약관화했다. 잘못하다가는 한국을 대표하는 글로벌기업이 총체적 위기에 빠질 수도 있었다. 그래서 '털 것은 털고 가자.'는 입장을 취한 것이다.

물론 이는 야당이나 재야 쪽에서 주장한 삼성특검 추진과는 근본 이유가 많이 다르다. 쉽게 말해 그들은 삼성을 죽이기(?) 위해 특검을 주장한 반면, 나는 삼성이 위기를 딛고 더욱 발전할 수 있도록 특검을 하자는 논리였다. 당시 한나라당 주류의 분위기는 삼성의 눈치를 의식하는 것이었다. 나와 친분이 있는 삼성그룹의 몇몇 고위층도 여러 경로로 특검을 막아달라는 요청을 해오기도 했다. 하지만 나는 단호했다. 되레 그들에게 "삼성이 망하면 대한민국 경제도 엄청난 타격을 입는다. 당장 어려울 수도 있지만 특검을 통해 정면돌파하는 것이 삼성에게 이롭다."고 설득했다.

결과는 어떠했는가? 사법부가 삼성에게 면죄부를 줬다는 말이 나올 정도로 삼성은 오히려 특검을 통해 이건희 회장 일가의 재산을 합법적인 것으로 승인을 받았다. 이건희 회장 등에 대한 사법 처리가 있었고, 오너 일가가 8,000억 원 사회 환원을 약속하면서 국민들의 분노도 많이 누그러졌다. 결과적으로 특검이 없었으면 삼성은 오늘의 삼성이 되지 못했을 것이다.

이와 관련해 사법부의 재벌 봐주기가 잘한 일이라는 뜻이 아니다. 사법부 판단이 옳고 그름을 떠나 잘못이 있다면 인정할 것은 인정하고, 벌금 낼 것 내고, 처벌 받을 것 받겠다는 당당한 대응이 오히려 좋은 결과를 가져온다는 평범한 진리를 강조하고 싶은 것이다. 나라 경제에서 차지하는 비중이 큰 삼성이기에 더욱 꼼수는 피해야 했던 것이다.

"어쨌든 삼성특검에 찬성했으니 반 삼성이 아닌가?" 앞의 설명에도 불구하고 이렇게 흑백논리로 필자의 성향을 재단하는 사람이 있다면 두 번째와 세 번째 일화를 참고하기 바란다.

두 번째는 시간을 1년쯤 거슬러 올라가 2006년 10월 국정감사 때였다. 당시 한나라당은 야당이었고, 법사위에서 여당인 열린우리당과 민노당이 '삼성의 경우 97년 대선 불법정치자금 의혹 사건, 97년 기아차 인수 로비 의혹 사건, 삼성자동차 채무 미변제 사건, 삼성채권 500억 원 출처와 사용처를 둘러싼 2002년 대선 불법 정치자금 사건, 현직 검사들에 대한 떡값 의혹 등의 사건이 재판에 계류 중이다. 2000년 이후 삼성에 대거 취업한 판검사의 역할에 대한 우려의 시선이 있다.'며 이건희 삼성 회장의 증인 소환을 강력하게 주장했다. 특히 민노당의 노회찬 의원이 아주 거세게 나왔다. 이에 나는 "우리 국회가 잘하는 게 뭐가 있는가? 이건희 회장 부를 자격이 없다."고 발언해 국회가 시끄러워졌다. 수사와 재판 중인 사건에 대해 국회가 나서지 말아야 한다는 주장 자체는 타당했는데, 표현이 직설적이어서 다소 파문이 일었다. 야당 시절이었고, 일부 언론이 내 발언의 진의는 도외시한 채 자극적으로 보도해 당시 인터넷 등에서 욕 참 많이 먹었다. 어쨌든 이렇게 말하는 사람이니 반 삼성은 아니라는 점을 확실히 하고 싶다.

세 번째도 유명한 사건이다. 2009년 12월 31일 이명박 정부는 이건희 삼성 회장에 대한 특별사면과 특별복권을 시행했다. 정권 출범 후 두 번째 사면인데 이 회장만을 위한 '원포인트' 특별사면이었기에 더욱 말이 많았다. 이유는 평창 동계올림픽 유치를 위해 IOC위원 자격정지 상태에 놓여 있었던 이건희 회장의 사면이 필요하다는 것이었다. 많은 언론이 평창 유치를 위해, 그리고 글로벌 삼성의 진격을 위해 필요성을 역설했지만 반대여론도 만만치 않았다. 오히려 이들 언론에 대해 '삼성일보'라는 비난이 일기도 했다. 야당은 사면에 반대했고, 여론을 의식해 이제 여당이 된 한나라당 국회의원들은 입조심을 하고 있었다. 이때 나는 라디오 방송에서 이건희 회장을 사면해야 한다고 주장했다. 역시 여러 언론에 보도됐고, 또 욕을 많이 먹었다.

다시 삼성전자가 왜 삼류인가 하는 문제로 돌아가보자. 사실 이 이유는 이 책을 읽다 보면 저절로 알게 될 것이다. 이 문제의식에서 창소기업의 발상이 나왔기 때문에 '창소기업만이 살 길이다.'라는 이 책 내용 대부분은 삼성위기론과 직결되는 것이다. 여기서는 보다 큰 얼개에서 그 이유를 분석하겠다.

현재 삼성전자는 스마트폰 세계 1위의 성공가도를 달리고 있다. 반도체, 가전 등에서도 눈부신 성공을 거두기는 마찬가지다. 그런데 이들 분야 모두 삼성이 개척하지는 않았다. 후발주자로 성공해 1위에 등극한 것이다. 스마트폰의 경우 스마트폰을 처음 세상에 내놓은 애플을 제쳤다.

"그게 어떠냐? 이렇게 성공하는 게 얼마나 어려운데."라고 반문할 수도 있다. 하지만 이는 숲은 보지 못하고 나무만 본 격이다. 여기에 안주하다가는 가까운 미래에 구글에 인수된 모토로라, 마이크로소프트에게 팔린 노키아[5]의 전철을 밟을 가능성이 높기 때문이다. 모토로라나 노키아가 전성기에 삼성전자만 못했던가? 그렇지 않다. 지금의 삼성전자보다 시장지배력이 더 컸다. 하지만 불과 수년 만에 걷잡을 수 없는 내리막길로 접어들었고, 기업의 주인이 바뀌게 된 것이다.

삼성전자는 TV가 됐건, 반도체가 됐건, 스마트폰이 됐건 성공을 거둔 분야에서 시작할 때 모두 이류였다. 각고의 노력 끝에 해당 분야에서 일류가 된 것이다. 여기에는 모방·개선·압축성장·혁신·스피드·불량률제로 등 삼성전자의 트레이드마크가 원동력으로 작용했다.

그런데 이 방식만으로는 한계가 있다. 일류의 호사(好事)를 누리는 것은 잠시에 그칠 수 있다. 아니, 그럴 가능성이 높다. 특히 더 이상 모

---

5 2013년 9월 2일(현지시간) 마이크로소프트는 노키아 휴대전화 부문을 총액 71억 8,000만 달러에 인수한다고 발표했다. 노키아는 2007년 전 세계 휴대전화의 대명사' 라 불릴 만큼 철옹성이었다. 그런데 2012년 노키아의 신용등급은 투기 등급인 정크펀드로 강등되었다. 시가총액은 전성기의 10분의 1로 쪼그라들었다. 불과 5년 만에 일어난 변화이다. 모토로라는 안드로이드의 구글에(2011년 8월), 노키아는 윈도폰의 마이크로소프트에 각각 팔린 셈인데 결국 새롭게 등장한 스마트폰 시장이 기업의 운명을 바꾼 것이다.

방하고 따라잡을 상대가 없기에 더욱 그렇다. 피처폰으로 세계시장을 점령해 나가던 삼성에게 애플의 스마트폰 출시는 사실 큰 위기였다. 다행히도 변화에 빠르게 적응해 모토로라, 노키아와는 달리 살아남았고 애플까지 제칠 수 있었다. 그런데 모든 변화에 이렇게 성공적으로 대응하겠다는 것은 참 위험한 발상이다. 한 번의 실수로 기업이 나락으로 떨어질 수 있다는 것을 감안하면 불안하기 짝이 없다.

또 어떤 변화가 올까? 생각지도 못했던 스마트폰이 불과 수년 만에 현대인의 삶을 바꿔놓았듯이 언제 무엇이 등장할지 아무도 모른다. 예컨대 이미 화제를 모으고 있는 3D프린터는 그 파장이 얼마나 클지 정확한 예측이 어려울 정도다. 지금 삼성은 호시절의 끝물에 있다. 실제로 '삼성 위기론'은 끊임없이 제기되고 있다. 포털사이트에 검색을 해도 관련 기사가 수도 없이 나온다. 최근뿐 아니라 수년 전부터 전문가들의 경고가 계속되고 있는 것이다.

현실에서 그 위험성이 가시적으로 드러난 극단적인 사건이 2013년 6월 7일 삼성전자 주가 폭락 사태다. 당시 외국인들이 '엔고'에도 불구하고 삼성전자 주식을 대량 매도하면서 코스피가 전날보다 35.34포인트(1.80%) 급락했다. 원인은 단순했다. 미국계 증권사 'JP모건'의 보고서 때문이었다. 'JP모건'은 "갤럭시S4 모멘텀이 이전 모델인 갤럭시S3 때보다 매우 빠르게 둔화되고 있다. 삼성전자에 (스마트폰용) 카메라 부품과 몸체, 애플리케이션 프로세서(AP)를 납품하는 업체를 통해 확인한 결과 주문량이 월 1,000만 대에서 최근 700만~800만 대로 감소했다."고 전했다. 그리고 삼성전자 목표가를 기존 210만 원에서

190만 원으로 낮췄다. 그 결과 삼성전자는 이날 하루 만에 시가총액 중 15조 원이 증발했다. '외국 금융사의 삼성 관련 전망→삼성전자 주가 폭락→한국 주식시장 급락'이 연쇄적으로 발생한 것이다.

2013년 6월 임영록 KB금융지주 회장은 "한국 경제에는 중국 착시와 삼성 착시, 환율 착시 등 3대 착시가 있다."고 진단했다. 아주 날카로운 분석이다. 여기서 삼성 착시는 대기업 착시를 뜻하는 것이다. 삼성의 경우 휴대전화와 반도체 등 ICT 분야는 중국 대공세로 인해 지금의 호황이 언제 끝날지 모른다는 경고다.

삼성 그룹 내부를 들여다봐도 문제점이 한두 가지가 아니다. 제조업의 경우 삼성전자를 제외하면 내세울 게 많지 않다. 또 조직이 공룡화·관료화가 심화되면서 창의적인 아이디어가 잘 나오지 않고 있다. 확실한 것은 현재 우리 경제에서 '삼성리스크'라는 팩트가 분명히 존재하고, 앞으로도 계속될 것이라는 점이다.

그리고 이런 위기는 삼성 스스로도 감지하고 있다. 이돈주 삼성전자 무선사업부 전략마케팅실장(사장)이 2013년 6월 20일 런던에서 "위기는 확실하게 찾아왔다. 삼성 나름의 답을 보여주지 않으면 큰일 날 것"이라고 말했다.

삼성전자 위기론은 다양하게, 그리고 아주 구체적인 근거와 함께 제기되고 있다. 일단 스마트폰 시장이 성숙기에 진입했기에 그동안 최대 이익을 안겨준 '갤럭시 신화'가 막을 내릴 것으로 예상된다. 또 애플은 물론이고, 윈도폰, 일본 및 중국 전자회사들의 반격도 거세지고 있다. 현재 세계 스마트폰 시장은 단순히 제품 하나로 경쟁하는 것이 아니라 생태계 경쟁으로 바뀌었다. 즉 하드웨어는 물론 소프트웨어에 최근에는 애플리케이션, 전자상거래, 광고, 검색, 소셜 애플리케이션, 위치 기반 서비스, 통합 커뮤니케이션 등 많은 것이 포함된다. 삼성의 경쟁자들은 단순히 디바이스(장치)로 대적하는 게 아니다. 전체 생태계 경쟁력이 있어야 살아남을 수 있는 것이다. 구글과 마이크로소프트가 각각 모토로라와 노키아를 인수한 것도 이 때문이다.

이 점에서 삼성전자는 취약하다. 스마트폰 생태계 내에서 삼성전자는 제조사로서의 역할을 넘어서지 못하고 있다는 한계가 있다. 그래서 중장기적인 핵심 경쟁력이 없다는 것이 위기론의 한가운데 있는 것이다.

예컨대 애플은 이미 생태계 경쟁력의 핵심인 네트워크를 가지고 있다. 2억 5,000만 명의 신용카드 정보를 포함한 결재 플랫폼을 구축해놓았다. 애플 생태계에서 소비자들은 누구나 손쉽게 클릭 한 번만으로 디지털 상품을 쉽게 구매할 수 있다. 2013년 6월 현재 누적 다운로드가 500억 건을 돌파했다. 구글플레이로 애플의 앱스토어를 벤치마킹한 구글도 안드로이드 생태계에서 다운로드 건수는 480억 건을 기록했다. 그런데 삼성전자의 앱스토어인 삼성앱스는 2011년 1억 건 돌파 이후에 집계조차 발표하지 않고 있다. 삼성전자는 자체 개발한 바다OS가 스마트폰 운영체계에서 애플의 iOS, 구글의 안드로이드에게 완벽히 밀린 데 이어 모바일 결제에서도 손을 놓고 있는 것이다.

가장 좋다는 스마트폰이 이 정도다. 반도체도 비메모리 분야는 아직 풀어야 할 숙제가 많이 남아 있고, 그나마 수익성이 크게 떨어진

상태다. 여기에 가전도 고가 TV 등에서 최고의 자리를 지키고 있지만 정상 탈환을 노리는 일본이나 중국 업체의 도전이 만만치 않다.

그렇다면 삼성은 어떻게 해야 하는가? 더 이상 남을 따라잡는 것이 아니라 먼저 시장을 선도해야 한다. 문제를 빨리, 정확하게 푸는 것이 아니라 문제 자체를 삼성이 만들어내야 하는 것이다. 그러려면 창의성이 있어야 한다. 그런데 삼성은 이 대목에서는 아직 보여준 게 없다. 아니 앞으로도 그럴 가능성은 높아 보이지 않는다. 괜한 폄훼가 아니다. 객관적으로 그렇다는 얘기다. 그래서 삼성전자는 이미 삼류라는 것이다.

이 대목에서 카이스트 경영대학원 장세진 교수의 분석은 매우 날카롭다(가능하면 꼭 읽어보기를 권한다). 장 교수는 2013년 9월 7일 〈조선일보〉에 게재한 칼럼에서 '삼성의 스피드, 애플의 창조력을 동시에 가질 수는 없다.'고 단언했다. 지난 수십 년간 한국 기업은 스피드와 실행력으로 비약적 성장을 일궜다. 하지만 애플(스마트폰), GM(전기차)과 같이 시장을 선도하는 창의적이고 혁신적인 신제품을 개발하지는 못했다. 스피드 대 창의력. 이 두 가지 속성은 마치 야누스의 얼굴처럼, 동전의 양면처럼 한 기업이 모두 갖출 수 없다는 것이다.

장 교수는 스피드와 창의력을 동시에 다 추구할 수 있다는 자신감, 아니 오만함은 무지의 소산이라고 일축했다. 특히 한국 기업은 오너에게 집중된 의사 결정 구조와 군대식 기업 문화로 인해 스피드와 실행력에서는 강점을 가지지만 창의적이고 혁신적인 제품을 기대하기는 어렵다는 것이다. 반면 애플과 GM의 경영 시스템은 창의적 제품

개발은 가능하지만 삼성전자와 현대자동차의 스피드와 실행력은 없다. 표현이 아주 재미있는데 장 교수는 지금과 같은 한국의 기업 문화와 조직 구조에서 스피드에 추가로 창의력을 주문하는 것은 '마치 반대 방향으로 선 두 말에게 채찍질을 가하는 것과 같다.'고 했다.

이 분석에 100% 동의한다. 그런데 해결책에 대해서는 이견이 있다. 장 교수는 한국 기업이 창의력을 보완하기 위해서는 미국, 유럽 등 세계 각지에 해외 법인을 세우고, 창의적이고 혁신적인 인재들을 잘 활용해야 한다고 강조했다.

그런데 이게 좀 비현실적이다. 그렇게 이상적으로, 해외법인 하나로 해결될 수 있는 문제가 아니다. 그렇다면 역으로 애플과 GM은 한국에 회사를 세우고 스피드와 실행력을 보완하면 되겠는가? 현실적으로 해외법인은 모기업에서 자유롭기가 힘들고, 또 외국의 창의적 인재가 한국의 해외법인에 취업하려 들지 않을 것이다. 이는 빌 게이츠나, 스티브 잡스, 래리 페이지가 한국 기업 취직을 한 번이라도 생각했겠는지를 떠올리면 쉬운 일이다.

뒤에 자세히 설명하겠지만 창의력은 '창고'에서 나온다. 삼성이 어떤 식으로든 다시 창고로 돌아갈 수는 없다. 태생적으로 합일이 불가능한 스피드와 창의성이라는 두 마리 토끼를 잡느라 애를 쓸 필요가 없다.

결국 창소기업에서 답을 찾아야 한다. 삼성전자와 같은 대기업은 자신의 영향력을 최대한 발휘해 수많은 창소기업을 적극 후원해야 한다. 이어 창소기업의 아이디어가 빛을 발한다면 정당한 가격에 이를 인수하거나(M&A), 혹은 파트너십을 맺어 함께 발전해야 한다. 전자는 구글의 안드로이드 인수, 후자는 IBM의 마이크로소프트 지원이 좋은 사례다.

다시금 강조하지만 삼성전자는 이미 삼류다. 창소기업에 대한 확고한 개념을 머릿속에 각인하고 실천하는 것만이 현재의 일류를 계속 지켜나갈 유일한 방안이다.

이건희 회장과 삼성전자에 고한다. "창소기업을 이해하고 활용하라!" 지금과 같은 방식으로는 더 이상의 성공은 없다. 시간문제일 뿐 나락으로 떨어질 일만 남았다. 삼성전자가 삼류에서 벗어나지 못하면 대한민국이 흔들린다. 애정으로 당부한다. 부디 창소기업을 도와라. 그리고 그중 성공한 것을 제값에 사라. 그걸 삼성의 스피드와 실행력에 접목하면 지금보다 더 세계적인 기업이 될 것이다.[6]

---

6 여기서 삼성전자는 중의적 의미를 지닌다. 하나는 '국부의 원천'으로까지 불리는 삼성전자 1개 회사이고, 다른 하나는 LG전자, 현대자동차 등 한국 경제를 이끄는 대기업을 뜻한다.

2장

창소기업의 길

창創 · Creative

앞서 1부에서 어떻게 창소기업이라는 신조어가 불쑥 튀어나왔는지를
소소하게 설명했다. 확실한 것은 창소기업이야말로 창조경제, 중소기
업 육성을 포함한 경제민주화, 청년실업, 지역균형발전 등 다양한 문
제를 해결할 하나의 수렴점이라는 사실이다. 여러분은 이 책을 통해
이는 결코 주성영 개인의 주장이 아니라는 사실을 알게 될 것이다. 창
소기업이라는 말만 필자가 만들었을 뿐 이에 대한 가치는 이미 다수
의 경제전문가와 중소기업인 들이 공유하고 있는 것이다.

　이런 의미에서 본격적으로 창조기업에 대해 살펴보기 전에 잠깐
'듣기만 해도 기분이 좋아지는 얘기' 들을 몇 가지 즐겨보자.

'2050년에 대한민국의 GDP는 세계 5위권이다. 그리고 이 시기 한국의
1인당 GDP는 9만 달러로, 미국에 이어 세계 2위 수준이다. 일본은 6만
7,000달러, 독일은 6만 8,000달러, 중국은 5만 달러 선이다.'

　정치인들이 한 표를 달라며 내놓는 허황된 공약이 아니다. 2009년
미국의 투자회사 골드만삭스가 작성한 경제보고서에 수록된 내용이

다. 물론 한국의 통일을 전제로 한 것이지만 미래 한국은 더없이 희망
적이다.

이건 영국에서 나온 전망이다. 《메가체인지 2050》이라고 하는 책인
데 영국의 유명한 시사주간지 〈이코노미스트〉의 종합 미래 예측서다.
이런 자료에 영향을 받은 탓일까, 영국(옥스퍼드대 박사) 출신으로《강대
국의 흥망》이라는 책의 저자인 폴 케네디 교수(미국 예일대) 역시 "한국
은 2050년 1인당 GDP 세계 2위 국가로 성장해 동아시아 경제를 주도
할 것"이라고 예측했다.

마치 계룡산에서 도를 닦고 나온 쇼비니스트 도사(道士)의 말 같다.
그런데 아니다. 우리에게는 이상하게도 미래학자로 알려졌지만 어쨌
든 살아 있는 프랑스 최고의 석학인, 미테랑 전 프랑스 대통령의 '휴
대용 컴퓨터'로 불리기도 한 자크 아탈리가 한 말이다. 아탈리는 아시

아 지역에 통합된 국가가 생겨날 경우 일본과 중국이 그 중심이 될 것이라고 하면서도 그때의 수도는 베이징도, 도쿄도 아닌 서울이 될 것이라고 내다봤다. 그는 《미래의 물결》이라는 책에서 "2050년이 되면 한국이 세계 경제의 중심이 된다."고 말했다. 그 이유는 IT강국, 물류의 허브, 문화적 역동성 등이었다.

"글로벌 경제위기 속에서 미국과 유럽이 제대로 된 해결책을 제시하지 못하였다. 따라서 그 해결책은 아시아로 넘어왔다. 그런데 아시아 주요 국가들 중에서도 중국은 아직 민주주의 국가가 아니다. 따라서 글로벌 리더가 되기에는 역부족이다. 일본 역시 어렵다. 정치적 리더도 선명하게 부각되지 않고, 경제적으로도 어려움이 크다. 한국 경제의 모델에 주목한다. 가장 빠른 시간 안에 성장했고, 세계 7대 무역대국으로 등극했다. 정치적으로도 민주화를 달성했고, G20 서울 정상회의 등 국제사회에서 리더 역할을 하고 있다. 저력이 대단하다. 신자본주의 시대에는 기업과 기업인의 역할이 정부와 시민사회, 정치인들을 상대로 각각 달라진다. 그 새로운 관계를 한국을 비롯한 아시아 국가들이 잘 진행해 나가고 있다. 그중에서도 한국은 이번의 위기를 하나의 기회로 삼고 있다."

이건 미국 경제평론가로 《자본주의 4.0》이라는 유명한 책을 낸, 〈타임즈〉 편집자 아나톨 칼레츠키가 2011년 11월 7일 서울을 방문해 한 말이다. 손님으로 덕담을 한 것이겠지만 미래를 보는 눈이 탁월한 경제학자에게도 한국은 대단한 나라임에 틀림없다.

이쯤 되면 확실히 기분이 좋아지는 것은 어쩔 수 없다. 일일이 언급하지 않아서 그렇지 앞의 사례 외에도 한국 경제의 미래를 극찬한 사례는 다수 있다. '너무 과하지 않나?'고 부러 폄하할 필요는 없다. 외국 전문가들의 예상이고, 또 역사적으로도 과거 세계의 경제대국은 네덜란드, 포르투갈, 스페인, 영국 등 인구와 국토의 면적이 그리 크지 않은 국가들이 차지한 바 있다.

그런데 중요한 것이 하나 있다. 이와는 정반대의 예견도 다수 존재한다는 사실이다. 예컨대 경제추격연구소(소장 이근 서울대 경제학과 교수)가 2013년 8월 발표한 '국가의 추격, 추월, 추락: 한국 경제에 대한 시사'는 시사하는 바가 크다. 전 세계 주요 국가 100개국을 대상으로 한 이 자료에 따르면 한국의 경제 추격 속도는 확연하게 내리막길이다. 국가추격지수는 특정 국가가 경제선진국을 얼마나 더 많이, 그리고 빨리 따라잡고 있는지를 보여주는 지표로 추격지수와 추격속도지수로 나뉜다. 한국은 추격지수 26위(2011년 기준)로 주요 경쟁국인 싱가포르(6위), 중국(8위), 대만(23위) 등에게 뒤처졌다. 추격 대상인 미국(1위), 일본(4위), 독일(5위), 프랑스(9위), 이탈리아(17위) 등과 비교했을 때는 격차가 더욱 벌어졌다. 추격속도지수의 경우는 더 심각하다. 100개국 중 56위로 이미 선진국 반열에 오른 독일(60위), 미국(85위), 일본(90위) 등보다는 앞섰지만, 같은 신흥국 그룹의 중국(8위), 러시아(15위)는 물론 브라질(42위), 대만(51위), 멕시코(53위)보다도 속도가 떨어졌다. 이근 교수는 "추격속도지수가 56위라는 건 한국이 더 이상 추격국이 아니라는 의미다. 한국이 중진국에서 선진국으로 도약하는 과정에서 정체되고 있는 상황을 이번 조사를 통해 확인할 수 있었다."고 밝혔다.

또 설령 한국 경제에 대한 낙관론이 더 타당하다고 해도 그런 희망찬 미래는 거저 오는 것이 아니라는 점이다. 2050년 최강국의 꿈은 한국이 지금의 국가 모토처럼 계속해서 다이내믹하고, 경제의 펀더멘털(기초체력)이 탄탄하게 유지되어야만 가능하다. 그러기 위해서는 창의적인 기업가정신이 최우선으로 필요하다.

1990년대 초 《마케팅 불변의 법칙》을 써 화제를 모은 마케팅 전문가 알 리스와 잭 트라우트는 '선도자의 법칙'을 역설했다. 그 핵심 내용은 '시장에서는 더 좋은 것보다 맨 처음 것이 낫다.'는 것이다. 첫째가 갖는 힘은 그 분야에서 대표성을 뜻하기 때문이다. 예컨대 질레트(Gellete)는 최초로 선보인 안전 면도기였다. 스카치(Scotch) 테이프는 아예 그 분야의 대명사가 됐다. 페덱스(Fedex)는 현대영어에서 '급송하라'는 동사처럼 쓰이고 있다. 이제는 세계무대에서 한국이 이런 말들을 만들어내야 하는 것이다. 더 이상 추격할 상대는 없고, 오히려 추격을 당할 위험만 커지고 있다. 그렇다면 놀라운 창의성을 바탕으로 세상을 선도해야 하는 것이다.

'성공한 패스트 팔로어'로는
안 된다

외국에 나가면 다 애국자가 된다고들 한다. 얼마 전만 해도 해외에서 한국 제품을 보면 반갑고 뿌듯했다. 그런데 이제는 '메이드 인 코리아'가 워낙 많아 오히려 당연하다는 느낌이 들 정도다. 한국 제품을 쓰지 않는 것이 낯설게 보이는 스마트폰을 필두로 자동차, TV, 컴퓨터, 냉장고, 에어컨 등 삼성, 현대, LG의 제품은 세계인의 사랑을 받고 있다. 이밖에도 조선, 철강, 건설 등 한국이 세계시장에서 정상을 다투는 분야는 이제 한둘이 아니다.

그런데 기분이 좋은 것은 여기까지다. 일본이 그리 했던 것을, 같은 방식으로 한국이 따라잡았다면 한국도 중국, 인도, 브라질, 동남아시아 등 후발주자에게 그 지위를 얼마든지 내줄 수 있는 것이다. 설사 선두권을 유지한다고 해도 그 경쟁은 한치 앞을 내다볼 수 없는 고난

이 될 것이다.

맞다. 한국은 민주화도 그렇지만 경제 분야에서는 세계에서도 첫 손가락에 꼽히는 성공 사례다. 이렇게 짧은 시간에, 이렇게 눈부시게 발전한 사례는 유일무이하다. 원조를 받는 최빈국에서 이제는 원조를 하는 세계 10위권의 경제대국이 됐으니 말이다.

문제는 한국의 경제 발전 패러다임이 이제는 한계에 다다랐다는 사실이다. 삼성, 현대, LG, 포스코 등 자랑스러운 대기업이 한국 경제를 이끌고 있다. 그런데 예외 없이 이들의 발전 모델은 어느 분야에서건 후발-모방-개선-압축의 형태를 띠고 있다. 스마트폰만 하더라도 한국이 처음 시장에 내놓은 것이 아니다. 애플의 스티브 잡스가 먼저 치고 나간 것을 한국 특유의 근성과 영리함을 무기로 따라잡은 것이다. 이를 피터 언더우드는 《퍼스트 무버》에서 '패스트 팔로어' 전략이라고 명명했다. 그리고 한국이 이런 방식으로는 더 이상 발전할 수 없을 것이라고 지적했다. 아주 쉽게 말해 더 이상 따라잡을 대상이 없다는 것이다. 여기까지가 패스트 팔로어 성공신화의 한계인데 지금 한국이 딱 이곳에 위치해 있다는 경고다.

'퍼스트 무버'는 말 그대로 처음으로 움직이는 것을 말한다. 남들이 만들어놓은 길을 빠르게 좇아가는 것을 의미하지 않는다. 아예 길 자체를 새롭게 개척하는 것이다. 퍼스트 무버와 창조의 개념은 아직도 제대로 된 한국인 수상자가 없다고 할 수 있는 노벨상의 수상 기준을 보면 아주 선명해진다. 노벨상은 '더 나은 세상을 위해 독창적인 (unique) 기여를 한 사람'에게 주는 상이다. 철강산업을 발전시키고,

좋은 성능의 LCD TV를 만드는 일도 더 좋은 세상을 위해 기여하는 일이지만 이런 일로 노벨상을 받을 수는 없다. 유니크하지 않기 때문이다. 이런 일들은 이미 누군가가 만들어놓은 일을 바탕으로 그것을 더 개선하거나 따라 한 것일 뿐, 독창적인 것이 아니다. 한국에서 노벨상 수상자가 나오지 않는 이유도 바로 여기에 있다. 핵심은 창의력이다. 누군가가 풀어놓은 답의 암기로는 길러지지 않는다, 답을 찾는 능력이 아니라 문제를 해결하는 능력이 있어야 한다. 아니, 아예 문제 자체를 세팅할 수 있어야 한다.

패스트 팔로어 성공신화에 푹 젖어 있는 한국에 있어 가장 나쁜 것은 현재 나빠지고 있다는 사실 자체를 인식하지 못하는 것이다. 한국 경제에 대한 비관론 중 가장 섬뜩한 것은 바로 '삶은 개구리 증후군(Boiled Frog Syndrome)' [7]에 비유되는 것이다. 개구리는 뜨거운 물을 가져가면 피한다. 하지만 차가운 물에 들어가게 한 후 아주 조금씩 물을 데우면 변화를 눈치채지 못하고 삶아져 죽는다. 충분히 점프해서 도망갈 수 있었는데도 말이다. 어쩌면 한국 경제가 이런 개구리인지도 모르는 것이다. 과거의 성공에 취해 지금 우리가 얼마나 위험한 처지에 놓여 있는지 전혀 알지 못하고 있는 것이다. 물은 점점 뜨거워지고

---

7 한국에서는 주로 '비전 상실 증후군'이라고 한다. 유래는 확실하지는 않지만 미국 코넬 대학교에서 한 실험이라고 한다. 개구리가 살기에 쾌적한 온도인 15도의 물에 개구리 한 마리를 넣고 1초에 0.017도씩 물이 데워지도록 불꽃을 아주 작게 해놓았다. 온도가 서서히 높아지기 때문에 개구리는 온도의 변화를 눈치채지 못하고 45도에서 개구리는 삶아져 죽었다. 마음만 먹으면 비커에서 뛰어 올라 안전한 곳으로 갈 수 있음에도 불구하고 개구리는 태평스럽게 앉아 있다 죽은 것이다. 같은 온도인 45도의 물에 개구리를 바로 넣었다. 물에 닿자마자 개구리는 뛰쳐나왔다. 다시 넣어도 마찬가지였다.

있는데, 즉 경제 환경은 최악을 향해 조금씩 나아가고 있는데 말이다. 방심하고 있다가 자기도 모르게 당하는 경우가 비일비재하다.

1998년 IMF 경제위기 때 한국은 '샴페인을 너무 일찍 터뜨렸다.'는 조롱을 받았다. 이 위기는 금 모으기 운동 등 국민들의 피눈물 나는 노력으로 극복했지만 향후 아르헨티나 케이스[8]와 같은 돌이킬 수 없는 나락에 빠질 수도 있다. 한국 경제가 가장 조심해야 할 점은 바로 안일한 현실 인식이다. 변화에 둔감하면 죽는 것이다.

이 섹션은 《퍼스트 무버》의 저자 피터 언더우드의 강연을 그대로 옮기는 것으로 마무리하려 한다. 이 글은 2012년 9월 국가경영전략연구원 수요정책포럼 때 언더우드 박사가 말한 것을 정리한 것이다. 개인적으로 여러 차례 읽은 글이기도 하다. 언더우드 박사를 알지 못하지만 그 뛰어난 통찰력과 진정성에 감사를 보낸다.

"과거의 성공이 미래의 발목을 잡는다"

원한석(피터 언더우드) IRC컨설팅 선임 파트너

50여 년간 한국은 매우 우수한 패스트 팔로어(Fast Follower)였다

한국은 경제 규모 기준으로 1950년대 세계 100위권 밖의 최빈국에서 최근 세계 13위의 경제 강대국으로 성장했다. 이 같은 눈부신 성장은 전례

---

8 1900년대 전후로 강력한 농업국가가 된 아르헨티나는 1940년대까지만 해도 세계 5대 경제대국이었다. 수도 부에노스아이레스에는 저녁 무렵이면 쇠고기 굽는 냄새가 골목마다 그윽했다고 한다. 하지만 부패한 정치, 혼란한 사회, 미래에 대한 준비 부족 등으로 2001년 12월 1,320억 달러에 달하는 외채상환유예(moratorium) 선언으로 국가 부도 사태를 맞았다. 이때 부에노스아이레스는 먹을 것이 없던 일부 시민들이 약탈에 나서는 등 무법천지가 되기도 했다.

를 찾아보기 어렵다. 한국이야말로 세계에서 단 하나뿐인 고유의 특성을 가진 성공한 나라라고 믿는다. 한국의 눈부신 경제 발전에 영향을 준 요인은 비교적 현명한 방향의 개발독재, 정부 주도의 산업화, 산업화에 적합한 교육과 훈련, 애국심과 집단을 위한 개인의 희생, 평등사상 등을 들 수 있다. 한국은 특히 '불가능한 목표를 세우고 초과 달성하는 나라'로 부르고 싶다. 그동안 한국은 '우수한 패스트 팔로어'로서의 역할을 해냈다. 그러나 현실은 변화무쌍해서 장점이라고 생각했던 것이 단점이 되기도 하고 그 반대가 될 수도 있다. 지금 우리가 해결해야 할 문제점은 바로 50년 넘게 스스로 장점이라고 믿었던 것들이다.

그러나 한번 성공이 다음 성공을 보장하진 못한다

우리는 이미 잘산다고 생각하지만 실상은 그렇지 않은 측면이 있다. 한국인의 평균 근무시간은 OECD 평균보다 25%가 많으며 에너지 비효율은 일본의 3배에 달한다. 1인당 GDP는 아직도 37위에 그치고 자살률은 8위이며 행복도는 OECD 34개 회원국 가운데 26위로 처져 있다. '휴브리스의 어리석음'이라는 교훈이 있다. 과거에 한번 성공한 경우, 과거의 방법을 우상화해서 변화하는 환경과 경쟁 상황을 인지하지 못해 실패하는 어리석음을 뜻한다. 한국도 이러한 어리석음을 보이는 위기가 닥칠 것인지 살펴봐야 한다. 100년 전 아르헨티나는 세계 4위의 경제대국이었으나 지금은 27위로 떨어졌다. '퍼스트 무버'였던 나라가 새로움에 대한 개방 수용성, 창의성의 퇴조에 따라 쇠퇴했다. 한때 세계 1위를 다투던 코닥, 소니, 모토로라, 노키아가 쇠락했다.

"한국 경제는 지금 위기인가?" 겉으로 보이는 위기는 아닐지라도 지금은 그 어느 때보다도 더 진지하게 근본적인 문제를 놓고 고민해야 할 때다. 위기는 어느 날 느닷없이 찾아온다. 이미 사람들이 위기의 징후를 느끼기 시작했다면 '위기의 징후'가 아니라 한참 뼛속 깊이 곪기 시작한 '위기의 현상'이다. 징후를 느끼기 시작했다면 이미 늦은 셈이다. 그래서 우리는 대비를 해야 한다. 지금이 한국 5,000년 역사에서 가장 중요한 시기 가운데 하나라고 말하고 싶다. 우리가 직면한 시대는 우리에게 '패스트 팔로어'가 아니라 '퍼스트 무버'가 되기를 요구한다. 남의 발자국을 따라가면 됐던 '뒤따르는 자'가 아니라 '선도하는 자'가 돼야 한다. 그러나 전자는 목표가 분명했지만 후자는 목표가 불분명한 게 문제다.

한국의 '변화의 시계'는 멈춰서 있다. 지난 20년간 20대 재벌은 변화가 없었다. 재벌의 영향력만 커지고 창의적인 리더는 보이지 않는다. 더 이상의 변화를 거부하는 슬픈 자화상이 한국 기업의 모습이다. '퍼스트 무버'가 되기 위해서는 운명을 건 변화가 필요하다. 재벌 중심의 경제 구조, 교육 시스템, 인사 시스템이 개선돼야 한다. 시장경제의 옹호자인 것처럼 말하면서 정작 자신은 황제처럼 군림하는 재벌 총수들이 바뀌어야 한다. 교육제도의 근본적 변화가 필요하다. 특정 학교 · 학위 만능주의, 창의성 · 혁신을 고려하지 않은 교육을 지양해야 한다. 파벌과 인맥을 중시하는 문화도 바뀌어야 한다. 충분한 사전 준비 없이 출발하는 '빨리빨리' 관행도 개선돼야 한다. 재벌기업의 불공정 경쟁, 관치경제가 사라져야 한다. '스펙' 보다 실력이 우선되는 사회, 자격보다 지식·경험이 우선되는 사회, 인맥보다는 자신의 노력이 우선인 사회로 변화돼야 한다.

창의적이려면 작아야 한다

유명한 일화가 하나 있다. 대기업은 왜 창의적이기 어려운가를 여실히 보여주는 이야기다.

'안드로이드의 아버지'로 불리는 앤디 루빈(현 구글 부사장)이 2004년 자신의 운영체제(모바일 OS인 안드로이드)를 마케팅하기 시작했다. 그는 휴대전화 제조사에게 자신의 아이디어를 팔기 위해 극동아시아까지 날아갔다. 공짜로 안드로이드를 제공하는 것이었지만 거래는 쉽지 않았다. 당시 모바일업계는 이미 수익성이 좋은 사업 모델을 갖고 있었고, 파격적인 새 제안에 거부감을 보였던 것이다. 루빈은 나중에 당시 한국의 삼성전자를 방문해 프레젠테이션을 한 장면을 생생하게 회상했다.

그는 자기 돈으로 항공권을 끊어 삼성과 접촉했다. 삼성을 찾은 그와 동료 2명은 커다란 미팅룸으로 안내됐다. 벽을 따라서 청색 양복에 깔끔하게 차려입은 약 20명의 중역들이 도열해 있었다(루빈은 청바지 차림). 본부장(Division Head)이 도착하자마자 마치 각본에 있는 것처럼 모두 다 자리에 앉았다. 루빈이 프레젠테이션을 마치자 본부장은 크게 웃음을 터뜨리며 말했다. "당신 회사의 직원은 8명뿐이군요. 그런데 나는 이 분야에 2,000명을 투입하고 있어요." 이것은 칭찬이 아니었다. 10명도 안 되는 사람들이 개발하는 운영체제에는 관심이 없다는 말이었다. 구체적인 협상을 하기도 전에 거래는 끝났고, 루빈은 발길을 돌렸다.

루빈은 몇 달 후 같은 내용을 구글 경영진 앞에서 발표했고 구글은 다음 해 5,000만 달러에 안드로이드를 사들였다. 루빈은 구글의 부사장으로 들어갔고, 현재 전 세계 스마트폰 중 2대 중 하나는 안드로이드를 채택하고 있다(점유율 1위).

이 일화는 사건이 발생한 지 7년 뒤에야 알려졌다. 유명한 IT 전문작가 스티븐 리비가 펴낸 구글에 대한 역작 《인 더 플렉스: 0과 1로 세상을 바꾸는 구글 그 모든 이야기》에 수록되면서다.

전 세계 스마트폰 시장의 절반을 차지하고 있는 안드로이드 운영체제(OS)가 삼성전자의 것이 될 뻔했던 것이다. 공교롭게도 삼성은 독자 스마트폰 OS 프로그램 개발에 애면글면해 왔지만 성과는 눈에 보이지 않을 정도다. 아직도 하드웨어는 강한데 소프트웨어가 약하다는 비판을 면치 못하고 있다.

대기업은 창조에 근본적인 한계가 있고, 자신의 전공분야가 아닌 창조에 매달릴 필요도 없다. 구글처럼 좋은 창조를 제값에 사들여 사업화에 성공하면 되는 것이다. 삼성은 이런 철학이 없고, 또 그러니 좋은 창조(예컨대 안드로이드)를 보는 안목도 없는 것이다.

앞서 밝힌 삼성의 5대 신수종 사업 실패도 아주 좋은 사례다. 이 역시 창조경제에 대한 철학의 부재에서 그 실패의 단초가 이미 내정돼 있었던 것이다. 2009년 삼성은 '2020년까지 신사업 5가지 분야에 23조 3,000억 원을 투자해 50조 원의 매출을 올리겠다.' 고 야심차게 창조의 길에 나섰다. '삼성이 하면 다르겠거니' 하며 주위의 기대도 컸다 (사실 자동차, e삼성 등 삼성이 해서 확실하게 망한 것도 많다).

하지만 결과는 참담한 수준이었다. 기본적으로 태양전지, 자동차용 전지, 발광다이오드(LED), 바이오제약, 의료기기 등 5가지 분야는 창조경제와는 거리가 있다. 이미 남들이 시작한 것을 따라가겠다는 기존의 '패스트 팔로우' 전략에 지나지 않았다. 남들이 하는 것 중 좋아 보이는 것을 모방하고, 압축·개량해서 따라잡겠다는 계획으로는 출발부터 그 성공에 한계가 있었다는 것이다.

좀 더 구체적으로 결과를 들여다보면 이 책에서 계속 주장하는 것이 그대로 맞아떨어진다. 태양전지의 경우 삼성은 삼성정밀화학을 통해 결정형 태양전지의 주재료인 폴리실리콘에 집중했다. 하지만 이 분야는 결국 공급 과잉으로 시장성이 없는 것으로 드러났다. 폴리실리콘을 접고, 향후 기술력을 더 필요로 하는 박막형 태양전지만 유지하겠다고 한다. LED와 자동차용 전지도 새로울 게 없는 영역이었다.

LED의 경우 수익성이 악화되자 독립시켰던 사업체를 다시 합병했고, 자동차용 전지는 수천억 원 대의 손실을 기록했다. 여기에 바이오제약은 출발부터가 '계약이 만료된 바이오의약품을 저렴하게 공급하는 것'을 목표로 삼았기에 창조와는 거리가 멀었고, 당연히 아직까지 가시적 성과가 없다.

그런데 의료기기 분야에서는 어느 정도 체면을 세웠다는 평가가 많다. 흥미롭게도 여기서는 '대기업이 창의적인 벤처기업을 인수해 사업화에 성공한다.'는 바람직한 공식을 따랐다. 삼성은 2010년 의료기기 전문업체 메디슨을 인수해 삼성메디슨을 출범시켰고 디지털엑스레이 '엑스지오'와 초음파 진단기를 성공적으로 출시했다. 삼성은 같은 해 심장질환 관련 검사기기 업체인 넥서스를 인수했고, 2013년 1월에는 미국의 CT(컴퓨터 단층 촬영) 기기 전문업체인 뉴로로지카를 사들이는 등 M&A로 쏠쏠한 재미를 보고 있다. 내부에서 별도의 추진단을 만들어 자체 개발하는 것보다는 인수·합병 방식이 더 효율적이라고 판단한 것이다. 이것이 중요하다. 결국 대기업 본연의 자세로 돌아온 것이다.

창조는 중소기업이 하는 것이고, 대기업은 이를 제값에 사들여 사업화에 성공하는 것이라는 평범한 진리를 삼성의 신수종 사업 시행착오는 잘 보여준다(물론 아직도 이런 창조경제의 철학을 제대로 이해했는지는 의문이지만 말이다).

더 기가 막힌 일화도 있다. 아는 사람은 알겠지만 조관현 씨(아이디엔 대표)의 천지인 개발 및 국가 공인 과정의 스토리다. 이는 한국에 있어 혁신·창조가 현실적으로 어떤 난관에 처해 있는지를 잘 보여주는 사례다. 천지인은 IT기기에서 사용되는 한글 입력 시스템이다(모음을 ·, ㅣ, ㅡ 등 3개로 표현). 조씨는 1995년 12월 뉴욕 유학 중에 천지인 자판을 설계해 1996년 특허를 출원했다. 그런데 이 획기적인 발명품 덕에 조씨는 8년(2002~2009년) 가까이 소송에 휘말렸다. 삼성과 이른바 '900억 소송'(휴대전화 3,000만 대×1대당 사용료 3,000원)을 벌인 것이다. 소송 과정은 그의 말처럼 영화 시나리오로 손색이 없을 만큼 반전의 연속이었다(실제 영화화를 추진한다고 한다). 재벌의 오만함, 약도 주고 병도 준 판사, 막후협상 등 대기업이 개인의 특허에 대해 어떻게 무력화를 시도했는지가 잘 나와 있다.

처음 조씨가 천지인을 들고 찾아간 곳은 LG전자였다. 하지만 LG는 천지인보다 훨씬 못하고, 결국은 시장에서 퇴출되고 마는 당시 자기

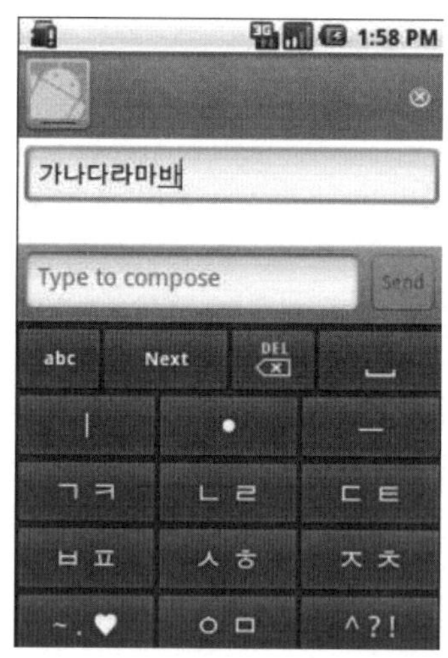

이제는 일상생활이 된 '천지인 자판'의 탄생사는 참신한 아이디어가 사업화되기가 얼마나 어려운지 보여준다

네 입력 방법이 더 낫다는 황당한 답변을 내놓았다. 심지어 "누가 휴대전화에서 문자를 쓰겠냐?"고 힐난하기도 했다(그후 문자 사용량이 통화 사용량을 제쳤다). 이후 조씨는 삼성전자의 소비자제안마당을 통해 천지인을 제안했는데 5,000원짜리 전화카드 한 장과 함께 '한글은 디자인학적으로 영어에 비해 떨어집니다. 세계화 시대에는 영어가 더 많이 쓰입니다. 앞으로 더 좋은 제안 부탁드립니다.'는 편지가 왔다. 하도 황당해서 직접 전화를 해 담당자에게 전화를 걸었더니 "내가 전문가다. 오랫동안 이쪽 일을 했다."며 조씨의 의견을 묵살했다.

그런데 조씨가 1996년 출원한 천지인 특허는 우여곡절 끝에 2011년 국가표준이 됐다. 나중에 국가표준이 될 획기적인 상품이 우리나라의 양대 전자회사로부터 가볍게 무시당한 것이다.

더 황당한 것은 1997년 말 삼성전자 측에서 천지인에 관심이 있다고 연락이 왔다. '3년간 비독점으로 천지인을 사용하는 대가로 2억 원을 주겠다.'는 제안이었다. 여기에 동의했는데, 두 달 가량 결재가 나지 않다가 끝내 오기로 한 계약서는 오지 않았다. 1998년 3월의 일이었다. 그런데 알고 보니 삼성전자는 1995년 천지인과 유사한 특허를 삼성이 먼저 획득해놓고 있었다. 그래서 특허소송 전쟁이 벌어졌고, 반전의 반전 끝에 합의가 이루어지면서 8년 특허전쟁은 무승부로 끝났다(조씨는 합의 계약에 따라 보상금을 공개할 수 없다. 그리고 2010년 중국의 한글공정 시도에 대항하기 위해 천지인을 무료로 국가에 기증했고, 지금은 누구나 사용할 수 있다).

우리의 일상생활을 바꾼 천지인 한글 입력 시스템은 이렇게 굴곡

많은 사연을 갖고 있다. 조관현 씨가 한 언론과의 인터뷰에서 밝힌 소감은 정말이지 애잔하다는 생각이 들 정도다.

"마크 주커버그의 페이스북 설립을 다룬 영화(2010년 작 〈소셜 네트워크〉)를 봤어요. 주커버그가 대학 다닐 때 4학년 선배와 지금의 페이스북과 관련한 아이디어를 공유했죠. 아이디어를 공유한 것만 가지고 그 사람이 나중에 소송을 걸었어요. 특허를 갖고 있었던 것도 아닙니다. 결국 페이스북이 엄청난 돈을 주고 합의를 했습니다. 미국에서는 창의적인 게 나오면 대기업이 눈에 불을 켜고 사려고 해요. 우리처럼 컨트롤하려고 하지 않습니다."

필자는 개인적으로 대기업에 대해 과도한 반감을 갖고 있는 사람이 아니다. 불필요한 오해가 없기를 바란다. 중요한 것은 진실이다. 창의성과 관련해 확실한 것은 '규모가 커질수록 창의성과는 거리가 멀어진다.'는 것이다. 그것은 어쩔 수 없는 사람의 법칙이다. 예를 들어 가장 극단적인 창조의 영역인 예술 분야를 봐도 그렇다. 위대한 문학작품 치고 집단창작으로 나온 것이 몇이나 되는가? 대부분 한 개인, 혹은 몇몇 소수자들이 인류 역사에 빛나는 창의성을 구현한 것들이다.

당연히 비즈니스 분야도 마찬가지다. 애플의 스티브 잡스, 페이스북의 주커버그, 구글의 래리 페이지 등은 모두 20대에 획기적인 아이디어를 냈다. 마이크로소프트의 빌 게이츠나 박근혜 정부의 미래창조부 장관으로 내정됐던 김종훈 후보자도 마찬가지다. 이들이 대기업 멤버로 창조경제를 일으킨 것이 아니었다. 미국에서도 IBM 같은 대기업에서는 불가능했고, 우리의 삼성이나 LG도 마찬가지다.

대기업과 중소기업의 역할이 확실히 다른 것이다. 중소기업은 창조적인 아이디어를 개발하고, 대기업은 자신들이 가지고 있는 자본과 상품 개발 노하우, 마케팅 시스템 등을 활용해 중소기업의 아이디어를 합당한 대가를 주고 인수한 후 비즈니스화를 시도해 이윤을 창출하는 것이다. 물론 좋은 아이디어를 낸 중소기업이 스스로 기업화에 나서 대기업으로 성장하는 것도 가능하다. 애플, 구글, 페이스북 같은 경우가 그렇다. 반면 ATM이라는 획기적인 군사통신장치를 개발해 자신의 벤처회사를 루슨트 테크놀로지에 10억 달러에 매각한 김종훈 전 후보자(38세의 나이에 미국 400대 부자에 이름을 올렸다), 앞서 소개한 안드로이드의 앤디 루빈, 유투브를 공동창설한 스티브 첸 등 획기적인 아이디어를 대기업에 매각한 사례는 더 많다. 빌 게이츠의 마이크로소프트는 초창기 둘의 중간 형태인 대기업과의 협력을 택한 경우다.

대기업에서도 눈부신 발명 등 아이디어가 탄생하는 경우가 있다. 하지만 이것도 대기업의 시스템에서 나온 것이라기보다는 소속된 개인의 천재성에 기인하는 경우가 많다. 보통 이를 직무발명이라고 하고, 최근에는 직무발명보상제를 통해 해당 발명으로 인한 이익이 기업에만 귀속되는 것이 아니라 일정 부분 발명가 개인에게 돌아가도록 보장하고 있다. 이런 제도가 최근에서야 정비되고 있다는 사실은 그동안 마치 대기업이 중소기업의 기술을 탈취했듯이, 직무발명에 대해서도 합당한 대가를 지불하지 않았다는 것을 시사한다.

확실한 것은 김용구 전 중소기업중앙회장의 말처럼 '중소기업은 자유로운 영혼'이라는 점이다. 창조경제는 바로 중소기업에서 시작되는 것이다. 중소기업은 창의력이 뛰어난 사원들의 아이디어를 존중하고, 의사결정이 신속하다. 아니 태생부터가 기술력을 전제로 한 경우가 많다.

국민의 정부 시절 벤처 붐이 일면서 서울 테헤란로 근처에는 하루에도 수십 개씩의 벤처기업이 일어나고 또 쓰러졌다. 그 결과 선의의 경쟁 속에서 각 벤처기업의 아이디어가 검증되면서 한국은 IT분야에서 세계적인 경쟁력을 얻게 됐다.

이와 관련해《9988-김용구의 4.0시대 중소기업 이야기》책에 나온 대표적인 사례도 아주 인상적이다. 웰크론이라는 국내 회사가 있다. 주로 의류에 사용되는 극세사를 클리너에 접목하고 산업용 극세사 분야를 새롭게 개척한 국내 중소기업이다(1992년 설립). 짧은 역사지만 웰크론은 이미 극세사 클리너에서 세계시장 점유율 1위를 기록하고 있다. 작지만 강한 기업으로 세계 최고의 기술력을 자랑하는 것이다. 웰크론은 설립 초기부터 극세사 후가공기술 개발에 매진해 일반 직물에 비해 흡수력과 세척력이 뛰어난 고흡수성 복합소재의 상용화에 성공했다. 이것이 창조이고, 핵심이다. 제대로 된 중소기업은 그 탄생을 보면 새로운 기술을 전제한다. 기술이 없으면 기업의 존립 근거 자체가 사라지기 때문에 기술, 즉 창조에 목숨을 걸 수밖에 없다. 웰크론의 제품은 순간 흡수력과 최대 흡수력이 일반 면보다 3배 이상 뛰어나 목욕용품, 침구, 유아용품 등에서 널리 쓰인다. 기존의 주문자 상표부착 방식(OEM) 생산에서 과감히 탈피해 자체브랜드 '세사'도 런칭했다. 이미 이에 익숙한 독자들도 제법 있을 것이다. 여기서 멈추지 않고, 웰크론은 산업용 소재 분야에도 영역을 넓히고 있다. 이미 반도체 및 LCD 제조시설의 오염을 제거하는 데 쓰이는 클린룸용 와이퍼 개발에 성공했다.

다시금 강조하지만 창조경제는 작은 곳, 중소기업에서 시작되는 것이다.

공정성이 중요하다

결국 창조경제의 시작은 개인 혹은 중소기업의 아이디어이고, 이것이 비즈니스화를 거치면서 완성된다. 그런데 아이디어와 비즈니스화 사이에는 반드시 공정성이 확보돼야 한다. 아이디어, 비즈니스, 공정성, 이렇게 세 가지가 창조경제 시스템의 핵심 요소인 것이다. 즉 아이디어를 내 사람도 돈을 벌고, 이것을 사업화한 사람도 이윤을 얻어야 한다. 그 비율도 양측 모두 납득할 수 있을 정도로 합리적이야 한다.

그런데 한국은 그렇지 못했다. 그래서 창조경제의 씨가 말랐다고 해도 과언이 아니다. 비즈니스화를 담당한 쪽, 즉 대기업의 처사가 온당치 못했기 때문이다. 대기업에게 부당하게 기술을 빼앗긴 사례는 일일이 언급하기 힘들 정도로 많다. 이에 대항해 법적 소송에 나선다고 해도 막강한 자본과 인맥을 갖춘 대기업을 법정에서 이기기는 힘들다. 실제로 앞서 언급한 조관현 씨의 천지인 특허소송에서는 삼성이 특허재판을 담당하는 판사를 영입해버렸다. 그리고 승패를 떠나 소송을 하는 과정에서 일감이 끊기고, 자금난에 시달리면서 중소기업은 고사되기 쉽다(이 문제는 내가 중소기업법률센터를 운영하고 있기에 아주 잘 안다). 그래서 대기업의 부당한 기술 이전 요구에 묵묵히 응하고 마는 경우도 많다. 이래서야 산업 분야에서 '창조'가 실현되겠는가?

외국의 사례는 어떤가? 기본적으로 아이디어에 관해서도 시장 메커니즘이 제법 공정하게 작동된다. 미국 실리콘밸리의 경우 에이전시들이 특정 지적재산권에 대해 가격의 범위를 어느 정도 정해준다. 상대적 약자인 아이디어 제공자(벤처기업)와 대기업 및 자본가 사이에 힘의 균형을 맞춰주는 것이다. 이들을 통해 벤처기업은 비교적 합당한(때로 오히려 좀 과하다 싶을 정도로) 대가를 받고 대기업에 아이디어를 매각한다. 또 자체적으로 사업화에 나설 경우에는 벤처캐피털이 투자의 형식으로 펀딩을 해준다. 영국 등 다른 선진국에서도 정부가 가끔 개입하기는 하지만 기본적으로 시장 내에서 솔루션을 찾고 있다.

문제는 한국이다. 불행히도 아직 미국처럼 공신력이 있는 기술 에이전시나 벤처캐피털이 없다. 또 시장 자체적으로 해결책이 나올 가능성도 낮다. 그러니 약자의 참신한 기술을 날로 먹으려는 '기술 탈취' 범죄가 곳곳에서 벌어지고 있는 것이다.

존 호킨스 교수의 진단처럼 한국은 정부가 주도해 경제성장에서 대성공을 이룬 나라다. 정부의 과도한 규제가 문제가 되기도 하지만 창조경제의 세 다리 중 하나인 공정성을 확보하기 위해서는 한국적 상황에 맞게 정부의 노력이 중요하다.

김광두 원장도 "시장이 기술의 가치를 평가하는 기능을 키우지 못하면 내실이 튼튼하지 못한 벤처기업에 자금이 흘러들어가 좀비기업을 만들 수 있다. 또 창업투자회사는 정작 돈이 필요한 초기 단계에 투자하는 비율은 10%에 불과하고 대부분 이미 성장 단계에 접어든 기업에 투자한다. 돈이 꼭 필요할 때 공급되지 않는 것이다. 이것도 기술에 대한 시장의 평가가 제대로 이뤄지지 않기 때문이다."라고 지적한 바 있다.

다시금 강조하지만 창조경제에 있어 아이디어가 비즈니스(산업)화되는 과정에서 공정성이 중요하다. 그리고 그 공정성을 보장하기 위해 정부의 정책적 배려가 시급히 시행되어야 한다.

그들의 창조경제

2013년 4월 신문을 통해 '아바타 프로젝트'라는 것을 접하고 자못 놀랐다. 도대체 과학기술의 발달은 어디까지이고, 인간의 삶이 향후 어떻게 변할 것인지 상상하기가 힘들었기 때문이다. 사실 내가 어렸을 때만 해도 작은 기기(스마트폰)를 통해 영상통화를 하는 것은 SF영화에서나 가능한 일이었다.

아바타 프로젝트는 미국 하버드 대학의 유승식 교수팀이 세계 최초로 인간의 뇌파를 초음파로 바꿔 쥐의 뇌에 전달해 꼬리를 흔들게 했다는 내용이다. 영화 〈아바타〉에서 주인공 '제이크'가 나비족 전사로 활약하는 프로세스와 같은 것이다. 뇌와 컴퓨터의 교류인 BCI(Brain-Computer Interface)는 이미 성공한 바 있지만 유 교수처럼 '뇌-뇌 인터페이스(BBI · Brain-Brain Interface)'가 구축된 것은 처음이라고 한다.

영화 〈아바타〉의
스틸컷

아직은 초기 단계인 이것이 발전되면 타이거 우즈의 뇌에 저장된 스윙 노하우가 초보 골퍼에게 그대로 전수될 수도 있는 것이다.

대구의 어떤 강연회에서 이 내용을 소개했더니 한 중년 부인께서(아마도 자식의 공부 때문에 스트레스가 좀 있었던 것으로 추측된다) 이렇게 질문했다. "그러면, 공부도 마찬가지네요. BBI를 통해 그대로 전달하면 되잖아요?"

맞다! 그런 기술이 언제 상용화될지 모르지만 이론적으로 충분히 가능한 일이다. "네, 이론적으로 그럴 것이라고 생각합니다."라고 답하는 나도 많이 놀란 상태였다.

이것만 해도 신기한데 '홀로그램 인간'을 만드는 '2045 이니셔티브'라는 프로젝트는 이미 가동되고 있다고 한다. 2013년 5월 영국의 〈데일리메일〉에 따르면 러시아의 미디어 재벌 드미트리 이츠코프(32세)는 인간의 정신을 유기적 생명체가 아닌 홀로그램 형태의 가상 신체로 복제하는 프로젝트에 나섰다. 2015년까지는 인간의 두뇌를 컴퓨터에 전송하는 기술 개발을 마치고, 2020년까지 실제로 사람의 두뇌 속 데이터를 로봇에 전송하는 실험을 진행하는 수순이다. 이후 두뇌 복제와 인공두뇌 기술 개발 단계를 거쳐 홀로그램 형태로 존재하는 완전한 가상신체가 탄생하는 것이다. 이렇게 되면 수명이 다한 사람이 가상신체로 정신을 옮길 수 있으므로 생명 연장의 꿈을 실현할 수 있다는 설명이다. 이것은 육체는 죽어도 정신이 살아남아 새 육체로 이식되는 영화 〈6번째 날〉의 논리 구조와 통한다. 이러한 '2045 이니셔티브' 프로젝트에는 이미 2만 명 이상이 동참키로 했고, 기술 개발을 위한 국제학술대회도 진행하고 있다고 한다. 윤리적 논란을 떠나 가상의 대상물에 사람의 정신을 옮겨 '영원한 수명'을 꾀하는 이 프로젝트는 당혹스러울 정도다.

뜬금없이 뇌과학의 최첨단 연구와 영화 같은 프로젝트를 소개한 것은 다 이유가 있다. 미국 버락 오바마 대통령 때문이다. 오바마 대통령은 교육은 물론이고 과학기술, 창조경제 등에 관심이 많은 대표적인 지도자다. 그는 2013년 2월 연두교서를 통해 "이제 (미국과 소련의) 우주경쟁 이후 볼 수 없었던 수준으로 연구개발(R&D) 수준을 끌어올릴 때"라고 강조했다. 그리고 이어 같은 해 4월초 그 초대형 R&D 프로젝트의 실체를 밝혔다. 바로 '뇌과학'이었다. 명칭은 'BRAIN 이니셔티브'. 백악관이 직접 이 R&D 프로젝트의 발표를 했다.

명칭을 보면 Brain이 아니라 BRAIN이다. 'BRAIN'은 '혁신적인 뇌공학 발전을 통한 뇌 연구(Brain Research through Advancing Innovative Neurotechnologies)'의 약자다. 인간 뇌 활동을 이해함으로써 알츠하이머 증후군, 자폐증, 간질, 정신적 외상에 따른 뇌 손상 등 각종 뇌 질병을 치료·예방한다는 것이 이 뇌 연구의 목적이다. 미국 정부는 2014년 예산에 뇌 연구를 위해 1억 달러를 반영할 계획이다. 전체 연구 지원 예산이 아니라 연구의 초기 타당성 조사를 위한 금액이다.

경제 상황도 녹록지 않은 미국이 왜 뇌 연구에 대대적인 투자를 할까? 이것이 바로 창조경제다. 창조경제는 전 세계적으로 이제 선택이 아닌 필수가 됐다. 주요 선진국들은 이미 창조경제를 미래의 핵심정책으로 삼아 강력한 정책을 펼치고 있다.

먼저 영국은 1997년 토니 블레어가 총리에 오른 이후부터 지금까지 창조경제에 대한 정책을 지속적이면서도 다각적으로 추진하고 있다. 참고로 이념으로 선 긋기를 좋아하는 사람들에게 토니 블레어는 '제3의 길'로 유명한, 좌파 그러니까 노동당의 당수라는 점을 강조하고 싶다. 같은 창조경제라도 블레어가 하면 옳고, 보수인 박근혜가 하면 모호하다고 말할 수는 없을 것이다.

어쨌든 블레어는 창조경제를 영국의 미래라고 생각했다. 영국의 창조경제(정확히는 창조산업)는 '개인의 창조성과 기술, 재능 등을 기반으로 지식 재산을 생성·활용해 경제적 가치와 일자리 창출 잠재성이 있는 산업들로 구성된 경제체제'로 정의된다. 여기에는 제조업이 망가진 영국에서 유일한 활로가 창조산업이라는 발상이 깔려 있다. 주창만 한 것이 아니라 1998년 문화·미디어·스포츠부를 설립했고, 같은 노동당 출신으로 2008년 총리직에 오른 고든 브라운 총리 때는 아예 '크리에이티브 브리튼(창조적 영국)'이라는 창조경제 슬로건을 내세워 8개 부문 26개 정책 과제를 본격적으로 수행하고 있다. 이러한 노력은 가시적인 성과를 거뒀다. 1997~2006년 영국 창조산업의 연평균 성장률은 영국 전체 경제성장률(3%)의 두 배를 웃도는 6.9%에 이르렀고, 창조산업의 국내총생산(GDP) 비중은 2003년 2.6%에서 2008년 4.5%로 증가했다. 특히 문화 분야에서는 성과가 커 영국이 '해가 지지 않는 문화제국'을 이뤘다는 평가까지 나오고 있다.

호킨스 교수에 따르면 영국에서는 평범한 사람들의 인식에서도 변화가 일어나고 있다고 한다. 디자이너, 소프트웨어 개발자, 패션 전문가 등 창조적 직업에 대해 예전 부모들은 안정적이지 않다는 이유로 시큰둥했었다. 그런데 창조경제 주창 이후 이런 직업들이 재미있고, 가치 있는 일이라고들 생각한다는 것이다. 물론 창조적인 일을 하는 사람들은 사업 실패, 안정적 생활에 대한 기회비용 등 위험을 감수해야 한다. 하지만 이런 위험에도 불구하고 창조적인 일에 도전하는 사람이 50~60%는 돼야 창조경제가 실현된다. 그리고 영국 정부의 역할은 이런 선택을 하는 사람들을 적극 지원하는 것이다.

영국이 이러한 성공을 거두자 다른 국가들은 물론 유엔도 창조산업과 창조경제에 관심을 보이기 시작했고, 영국은 창조경제의 원조국가로 여겨진다.

호주는 사실 영국보다 앞선 1994년 '크리에이티브 네이션'이라는 슬로건을 내걸었다. 여기에는 '문화정책도 경제정책이다.', '창조성이 새로운 경제에 적응하기 위한 능력을 결정짓는다.' 등의 서브 슬로건이 더해지며 경제 발전을 위한 창조산업 육성에 나섰다. 문화의 폭과 깊이가 영국만 못했던 까닭에 모국(母國)처럼 눈부신 성과가 없었을 뿐이다.

여기서 한 가지를 지적해야겠다. 영국과 호주의 창조경제는 문화에 집중했다는 특징이 있다. 영국은 '영어로 쓰인 콘텐츠'라는 강점이 있기에 이것이 가능했다. 한국도 자랑스러운 전통문화가 있지만 이것에만 집중하는 것은 옳지 않다. 한국은 문화기반보다는 창조적 아이디어를 산업에 접목하는 형태의 창조경제가 필요한 것이다. 남이 성공했다고 무조건 그대로 따라 하는 우는 범하지 말아야 한다.

세계 최대의 경제대국인 미국은 기본적으로 구글과 애플 등 실리콘밸리의 성공신화를 낳은 민간 벤처 생태계가 막강하다. 창업을 지원하는 벤처캐피털, 스타트업 기업의 육성을 도와주는 인큐베이팅(육성) 시스템, 성장 후 재도약을 위한 인수합병(M&A) 등의 제도가 시장에서 탄탄하게 구축돼 있는 것이다.

정책은 이러한 환경을 정부가 독려하는 식으로 집행된다. 용어 자체는 '창조'라는 말 대신 '혁신'을 사용하지만 내용상 창조경제와 동일한 정책을 추진하고 있다. 경제성장과 미래 경쟁력 우위 유지라는 목표를 내걸고 정부 운영 방식 개혁과 창의성을 활용한 경제성장 전략인 '미국혁신전략 보고서'가 2009년과 2011년에 잇달아 발표됐다. 여기에는 국민의 창조성과 상상력에 투자해 새로운 일자리와 산업을 창출한다는 내용이 담겨 있다. 전략적으로 '무선 이니셔티브', '특허개혁', 'K-12교육', '청정에너지', '창업미국' 등 현안 이슈를 반영한 5개 이니셔티브를 제시했고, 이를 위한 세부 추진 과제로 세계 최고 수준의 인력 양성과 기초연구 분야 미국 주도권 강화, 정보기술 생태계(IT · 정보기술 에코 시스템) 구축, 시장 기반 혁신 촉진을 위한 연구 실험(R&E) 분야 세액공제, 효율적 지식재산 정책을 통한 재능과 독창성 촉진 등을 추진과제로 설정했다.

창조경제와 교육 문제에 관심이 높은 오바마 대통령은 앞서 언급한 뇌 연구 투자 방안은 물론이고, 셰일가스와 3D프린터 등 창조적 아이디어 기술에 대해 기회가 닿을 때마다 찬사를 보내며 국가적 차원에서 독려하고 있다.

유럽연합(EU)도 2010년 3월 유럽의 향후 10년을 준비하는 '유럽 2020' 방안을 통해 '스마트 성장'과 '지속 가능한 성장' 및 '포용적 성장'을 성장의 3대 비전으로 제시했다. 그 내용을 보면 높은 창의적 재능을 강조했고, 문화와 창조산업의 잠재성을 바탕으로 경제성장과 일자리 창출을 일군다는 목표하에 다양한 프로그램의 진행이 담겨 있다. 프랑스는 2012년 프랑수아 올랑드 대통령이 새 내각을 구성하면서 중소기업 · 혁신 · 디지털경제부[9]를 신설하기도 했다.

일본은 2010년 6월 향후 10년 후인 2020년까지 신성장전략으로 '쿨 재팬 전략'을 발표했다. 내용을 보면 창조산업부 신설 및 콘텐츠 해외 수출 지원 펀드 조성, 일본 콘텐츠의 아시아 지역 전재, 문화 브

---

9 프랑스의 첫 한국계 장관으로 2013년 3월 방한해 화제를 모은 플뢰르 펠르랭(한국명 김종숙)이 바로 이 부의 장관이다. 그는 1973년 서울에서 태어났고 생후 5개월 만에 프랑스로 입양된 후 40년 만에 모국 땅을 밟았다. 이것을 보면 역시 한국인은 머리가 좋고, 특히 창조적 분야에서 뛰어나다는 자부심이 든다.

랜드 가치 향상을 통한 해외시장 수출 증대, 콘텐츠 인재의 육성과 보급 기반 정비, 세계적 창조산업 기업 창출·육성 등 9개 액션플랜이 세부항목으로 잡혀 있다. 그리고 2013년부터 전 세계의 비상한 관심을 모으고 있는 '아베노믹스'에도 산업 및 과학기술 부문에 대한 창조경제 육성 전략이 담겨 있다.

그렇다면 한국은 어떨까? 2012년 대선에서 박근혜 새누리당 후보를 통해 창조경제가 큰 이슈로 부상했고, 또 새 정부의 주요정책으로 자리를 잡았다. 시대의 흐름인 창조경제를 결코 빨리 시작했다고 할 수는 없다. 늦게 시작했지만 금세 따라잡는 한국인의 저력을 창조경제에서 발휘해야 할 시점인 것이다.

참고로 모두에서 소개한 뇌과학의 경우 확실한 미래성장동력 중 하나임에 틀림없다. 창조경제의 대표적인 소재라고 할 수 있다. 우리나라는 미국이나 유럽에 비해 많이 미약하다. 하지만 한국의 의료 경쟁력이 나름 높은 까닭에 향후 이 분야에서도 세계를 놀라게 할 창소기업이 나오지 않을까 기대한다. 최근에는 나의 정치적 고향인 대구에도 뇌 연구 시설이 들어오고 있다.

창조는 융합이다

2013년 4월에 나온 《잡스가 워즈워드의 시를 읽는 이유는》이라는 책이 있다. 제목이 인상적이어서 들여다봤는데 '융합'[10]에 대한 책이었다. 자세히 보니 '12가지 융합 토크'라는 부제도 있었다. 제목에서 잡스는 ICT, 워즈워드는 인문학을 뜻했다. 흥미롭게도 이 책의 저자(조숙경 박사)는 삶 자체가 융합이었다. 과학자이면서 역사학자, 학자이면서 행정가, 시골 출신의 도시녀, 그리고 엄마이면서 직장인이었다. 그래서인지 제법 융합에 대한 이야기를 딱딱하지 않게 재미있는 수다로

---

10 融合, fusion 혹은 convergence. 조숙경 박사에 따르면 융합과 유사한 의미로 사용되는 통섭(consilience)이 있다. 융합은 어떤 특정한 방향을 제시하지 않고 사상과 방법, 학문과 지식들이 뒤섞이는 것을 일컫지만, 통섭의 중심에는 기본적으로 진화생물학이 자리하고 있다는 차이가 있다. 이 책에서는 보다 대중적인 융합을 사용했다.

《잡스가 워즈워드의 시를 읽는 이유는》

풀어냈다. 와인, 축구, 도서관, SF영화, 미술, 음악, 전통문화재, 도시, 미디어아트, 연극, 범죄수사 등의 다양한 주제들이 과학과 잘 버무려졌다. 특히 미술, 음악, 과학을 접목시킨 프랙털 패턴 이야기, 애플의 사과 이야기(과학과 철학), 장미에 숨겨진 역사(과학과 도서관), 엉뚱하고 기발하면서도 의미 있는 연구를 수행한 사람에게 수여하는 '이그 노벨상' 등이 기억에 남는다.

몇 년 전부터 우리 사회에서 융합이라는 말이 큰 인기를 끌었고, 조박사 책의 주제도 한 문장으로 요약하면 '융합, 이 두 글자에 우리의 미래가 있다'는 것이다. 그런데 흥미롭게도 '융합' 두 글자 대신 '창소기업', 혹은 '창조경제'라는 말만 넣으면 이 문장은 지금 이 책의 주제가 돼버린다. 더욱이 융합은 창(創 · Creativity)의 핵심요소이기도 하다.

‘하늘 아래 새로운 것은 없다.’거나 ‘순도 100%의 창조는 신만이 할 수 있다.’는 말들이 있다. 엄밀한 의미의 창조는 없다는 것이다. 꼭 이에 동의하지 않는다고 해도 창조가 융합과 밀접한 관련이 있다는 것은 부인하기 어렵다. 경계를 넘나드는 자유로운 상상에서, 예를 들면 스티브 잡스처럼 ICT기술이 인문학과 만날 때 새로운 것이 탄생하기 때문이다.

“인류의 사상사에 있어서 두 개의 다른 사상의 물줄기가 만나는 지점에서 가장 중요한 발전이 자주 이루어진다는 것은 아마도 전적으로 타당한 이야기일 것이다. 이러한 물줄기들은 인류문화의 전혀 다른 분야에, 상이한 시대와 상이한 문화 환경과 상이한 종교적 전통에 그 기원을 두고 있을 터이다. 그리하여 그 둘이 실제로 만나는 일이 이루어진다면 우리는 그곳에서 새롭고도 흥미진진한 발전이 곧 뒤따라 전개될 것이라고 기대해도 좋으리라.” 20세기 양자물리학의 태동을 이끌었던 주요 과학자 중 한 사람인 베르너 하이젠베르크가 내린 융합에 대한 정의다.

예전부터 융합이 창조를 이끌었지만 21세기는 그 강도가 훨씬 더 세졌다. 그래서 21세기는 바야흐로 ‘융합의 시대’로 불린다. 분야 간의 융합은 정보통신과 나노기술, 나노기술과 생명공학 등 과학기술과 공학을 넘어 과학기술과 인문사회라는 상반되는 두 문화의 간극을 해소하는 돌파구로 재차 강조되고 있다. 생물학과 건축학이 만나면 아프리카 대륙의 한가운데에 에어컨이 없는 빌딩도 지을 수 있다는 말이 시사하듯이 오늘날 융합은 완전히 새로운 지식 혹은 혁신적인 해결책을 제시하며 세상을 바꾸고 있다.

21세기의 융합은 아날로그 체계가 무너지고, 디지털 시대가 쓰나미 처럼 몰려오면서 화두로 떠올랐다. 방송만 하더라도 한국은 2012년 아날로그 방송에 종언을 고했다. 컨버전스, 하이브리드, 퓨전 등 융합을 표현하는 말도 다양하다. 하버드 대학의 요피 교수와 월드뱅크의 본드는 이러한 지금의 융합을 그래서 '디지털 컨버전스'라고 명명했다.

IT강국인 한국도 융합에 관심이 많다. 2011년에는 산업기술 전반에 걸쳐 상호 영역을 뛰어넘어 기술을 주고받을 수 있도록 '산업융합 촉진법'을 제정했고, 2012년 초에는 한국생산기술연구원이 경기도 안산 사이언스밸리에 융복합기술조합센터를 설립했다. 이밖에도 한국전자통신연구원의 융합기술연구생산센터 등 융합을 담고 있는 조직은 계속 늘어나고 있다. 2012년 한국 정치권에서 파장을 일으킨 안철수 의원의 옛 명함도 서울대 융합과학기술대학원장이었다.

확실한 것은 현대기술의 정수는 융합이라는 사실이다. 그리고 이 융합의 한 축은 정보통신기술(ICT)이 담당하고 있다. ICT는 기존 산업과 결합해 창조경제를 건설하는 근간이 되고 있다. ICT가 결합해 만들어낼 수 있는 신산업은 예상조차 할 수 없을 만큼 방대하고, 그 위력이 엄청나다는 게 전문가들의 공통된 의견이다.

스마트폰은 이미 전설이 됐고, 스마트워치와 스마트안경까지 나오고 있다. 새 모바일 제품이 나올 때마다 세계 IT업계가 술렁인다. 또 자동차와 ICT기술이 결합해 무인자동차가 굴러다니고 있다. 무인자동차 중 선두주자인 구글카의 경우를 보면, 구글은 세계 최대 자동차 제조업체는 아니지만 향후 자동차 산업에서 가장 큰 이익을 올릴 기업으로 주목받고 있다.

스마트폰과 자동차뿐 아니라 제조업 전반에 걸쳐 이미 전 세계는 ICT를 활용한 창조경제의 성공 사례들을 잇따라 쏟아내고 있다. 전통적인 제조업은 퇴색했고, 하드웨어와 소프트웨어(SW)의 결합이 경쟁력을 좌우하고 있다. 자동차를 비롯해 비행기, 선박 등은 이미 단순한 기계가 아니라 거대한 SW의 결합체로 발전한 지 오래다. 의료기기도 종전보다 가격이 100배 이상인 초정밀 의료기기들은 SW기술의 집약체이다.

이밖에 교육, 의료, 유통 같은 서비스 산업에서도 ICT를 통한 융합의 창조성은 빛을 발하고 있다. 교육은 전자교과서, e러닝 등을 이미 시행하고 있고, 의료 서비스는 국내에서 이미 대형 병원들이 U헬스케어 서비스를 고급 의료 서비스로 제공하고 있다. 특히 의료 분야는 유전공학기술을 활용한 바이오 분야가 향후 인류의 삶을 바꿀 것으로 기대를 모으고 있다. 모바일 상거래와 디지털 콘텐츠 유통은 더 이상 신사업이라고도 할 수 없을 정도다. 미디어 분야도 인터넷에 의해 점령되면서 수많은 뉴미디어가 탄생하고 있다. 듣도 보도 못한 애플의 팟캐스트라는 시스템이 한국에서도 '나는 꼼수다' 열풍과 함께 바로 대중화되기도 했다. 문화 영역도 마찬가지다. 한국가수 싸이의 '강남스타일'이 세계적인 히트곡이 될 수 있었던 것도 유튜브라는 동영상 인터넷 서비스 덕이었다. 옛날 같으면 지구 반대편 남미의 음악팬에게 이 노래는 제대로 전달조차 되지 않았을지도 모른다. 유튜브는 이미 세계 음악 유통의 가장 큰 시장으로 자리잡았다.

이렇게 ICT를 중심으로 하나하나 떨어져 있던 독립 기술이 융합이 되어 제3의 새로운 기술이 되면서 엄청난 부가가치를 창출하고 있다. 그리고 그 속도와 강도가 엄청나다. 위의 사례 외에도 게임, 로봇, 3D 프린터, 인공수족, 전기자동차, 그리고 미처 상상도 못하고 있는 분야에서 융합을 통한 창조가 이루어지고 있다.

독일 드로기 그룹의 마이클 트램 대표는 2013년 6월 국내 언론과의 인터뷰에서 향후 전망이 좋은 신기술에 대해 "결합이 중요하다. 인터넷이 점점 더 많은 생산과 업계를 결합하고 있다는 뜻이다. 우리는 지적 기능을 갖춘 기계를 창조한다. 인터넷을 통해 자동 운전되는 자동차도 될 수 있고 로봇이나 인터넷에 의해 시스템 내로 통합시킨 중장비가 될 수도 있는데 이것이 긍정적인 효과를 많이 창출해낼 것이라 믿는다. 믿을 수 없는 새로운 아이디어와 신사업 모델이 거기에서 떠오르고 비용구조는 완전히 변경될 것이다. 굉장한 기회를 가지고 올 겁니다. 예컨대 나는 프래킹[11]과 같은 신기술의 지지자다. 이 신기술은 위험부담을 관리할 수 있다면 에너지 공급과 기업의 비용구조에 막대한 효과를 가져올 것이다. 나노 기술과 생명공학 기술, 유전자 기술 개발도 전망이 좋다고 본다."고 말했다.

문제는 아이디어다. 기존 산업에 ICT를 어떻게 결합해 얼마나 새롭고 편리한 서비스를 만들어내느냐 하는 아이디어 싸움이 창조경제의

---

11 fracking: 셰일가스 채굴을 위한 수압패쇄기술

핵심인 셈이다. 또 이런 아이디어가 창업으로 완성될 수 있도록 지원하는 창업 인프라가 중요하다.

그리고 앞서 설명한 것처럼 결정적으로 이 융합의 핵심 코드, 즉 아이디어는 중소기업에 있다. 그 이유는 중소기업은 몸이 가볍기 때문이다. 변화에 민첩하게 적응하고, 융합을 잘 시도한다. 즉 창조는 융합이고, 융합은 중소기업에게 우선권이 있다는 말이다. 빌 게이츠, 스티브 잡스, 마크 주커버그 같은 천재들도 자신들의 기업이 중소기업 수준에 있을 때 핵심기술을 개발했다. 대기업이 됐을 때는 그것의 상용화나 국제표준화로 몸집을 키웠을 뿐이다.

소小 · Small

중국의 한 동네를 소개할까 한다. 이미 아는 사람도 있겠지만 이 동네 이야기는 우리에게 시사하는 바가 참 많다. 이 동네에 위치한 은행 지점의 금리가 인상되면 중국에서는 큰 경제뉴스가 된다. 금리인상으로 이쪽 사람들의 부동산투자가 줄어 중국 부동산 시장에 큰 영향을 준다는 것이다. 또 이 동네 사람들에 대해서 중국 정부가 개인 해외투자를 허용하느냐도 세계적으로 큰 이슈가 된다.

아무리 중국 최고의 부자 도시라고 해도 좀 심하다 싶지 않나 하는 얘기들이 많다. 어쨌든 사람들은 이 동네 사람들을 흔히 '유대상인' 에 비유한다. 워낙 장사의 달인들인 까닭에 중국을 이해하려면 먼저 이곳을 알라는 말이 나올 정도다.

이 동네는 바로 중국 저장(浙江, 절강) 성, 좀 더 범위를 좁히라면 원저우(溫州, 온주)이다. 원저우 사람들은 국내외 부동산과 탄광 투자, 고리대금업 등으로 막대한 부를 챙겨 '중국의 유대인' 으로 불린다. 단추, 신발 등의 소규모 사업에서 최근에는 금융, 부동산, 하이테크 산업까지 돈이 되는 것이라면 죄다 진출하고, 또 크게 성공한 사람들이 많다. 내부 결속력이 강하고, 다른 지역 출신과는 잘 어울리지 않아

네트워크가 잘 구축돼 있다. 2003년 10월에는 '제1회 세계 원저우인 대회'가 열렸을 정도로 이들의 끈끈함은 유명하다. 원저우의 인구는 약 800만 명 선이고, 전 세계에 흩어져 있는 원저우 출신은 200만 명에 달한다고 한다. 중국 내에서는 베이징 등 대도시에 원저우 사람들이 몰려 사는 원저우 타운이 있고, 프랑스 파리의 '원저우 거리'에는 약 8만 명이나 밀집해 살고 있다고 한다. 자기들끼리 엄청난 규모의 민간 사채시장까지 형성해 외지 부동산에 대한 공동투자로 부를 늘리기도 해 '원저우 모델'이라는 말까지 나왔다.

어쨌든 이들의 상술과 상맥은 대단하다. '원저우 상인이 있는 곳에 시장이 있고, 시장이 있는 곳에 원저우 상인이 있다.'는 유명한 말도 있다. 중국의 경제 발전과 함께 원저우 상인들이 중국 대도시의 부동산을 사재기해 대륙이 들썩였다. 최고 요지의 아파트·호텔·빌딩을 이들이 싹쓸이하다시피 한 것이다. "원저우 사람들이 중국 땅값 다 올려놓는다."는 원성이 터져 나오기도 했다. 한국의 명동보다도 상가 임대료가 비싸다는 상하이 난징루(南京路, 남경로)에 있는 수백 개 고급상가의 주인도 원저우 출신이 많다고 한다. 2006년 7월 티베트를 연결하는 중국판 대륙 횡단 열차(칭짱 열차)가 개통될 때 그 고산지대의 중간지점에 원저우 상인들이 이미 점포를 임대하고 상권을 형성한 것도 유명한 일화다. 한국에서도 《세계 경제를 리드하는 유대 상인 VS 원저우 상인》이라는 책(2006년)이 발간된 바 있다.

그런데 저장 성과 원저우 사람들을 이렇게 상인으로만 볼 것이 아니다. 그들은 중소기업을 연구하는 사람들에게도 최고의 연구 대상이다. 역사적으로 남송(南宋) 이전부터 무역 활동이 번성하였던 저장 성의 사람들은 원래 모험심이 강했다. 직업의 귀천을 따지지 않고 사업에 적극적이었다. 남의 시선을 의식하지 않고, 사람들과의 마찰이나 갈등을 겁내지 않으며, 항상 웃는 낙천적인 기질도 있다.

특히 가장 중요한 것은 원저우 사람들의 꿈은 '좋은 직장에 취직해 편안히 근무하는 것'이 결코 아니라는 사실이다. 적은 돈이라도 밑천이 있으면 사업체를 일으켜 '라오반(老板, 노반), 사장이라는 뜻'이 되는 것이다. 이들의 창업정신은 불가사의할 정도다.

몇 가지 사례를 보자. 중국 자동차시장에서 베이징현대를 바짝 뒤쫓고 있는 지리(吉利, 길리) 자동차는 저장성에 있는데 거리의 사진사였던 리수푸 회장이 창업했다. 그는 중국이 개방할 때 버려진 가전제품을 뜯어 부품 장사를 하는 고물상이 됐고, 이후 오토바이 조립에 이어 1990년 후반부터 허접한 자동차를 생산하기 시작했는데, 이제는 중국 굴지의 카메이커가 됐다.

대학 영어강사와 번역 일로 밥벌이를 하던 마윈(馬雲, 마윈)은 1995년 미국 여행 때 인터넷을 처음 접하고, 준비기간을 거친 후 1999년 '알리바바'라는 회사를 세웠다. 바로 중국 최대를 거쳐 이제는 세계 최대의 B2B업체가 된 알리바바닷컴의 모태다.

저장 성의 성도 항저우에 있는 촨화(傳化, 전화) 그룹은 중국 최대의 생활화학 기업이다. 끼니 걱정하던 거리의 상인 쉬관쥐(徐冠巨, 서관거) 회장이 죽을 각오를 하고 가족기업을 하나 만들었고, 액체비누를 하나 내놨는데 이것이 지금도 중국 사람들이 가장 많이 쓰는 액체비누가 됐다.

이밖에도 저장 성 신화에는 끝이 없을 정도다. 중국 중소기업을 대표한다고 하는 '호랑이표(虎牌, 호패) 라이터'는 우체국 직원이었던 저우다후(周大虎, 주대호)가 퇴직금 5,000위안으로 창업해 세계시장의 90%를 석권하는 기업으로 일군 것이다. 단추 판매원으로 시작해 차오터우진을 아시아 최대의 단추시장으로 만든 예야오린-예야오칭 형제도 원저우 출신이다. 원저우는 세계 최대의 안경 생산지이고, '프랑스 파리에서 신상이 나오면 다음 날 원저우에 가면 같은 것을 구할 수 있다.'는 말이 나올 정도로 최대 '짝퉁' 산지이기도 하다.

중요한 것은 이들의 창업정신이다. 그리고 '작은 것에서 출발해 큰 것으로' 키워가는 사업수완이다. 원저우에는 '시민은 모두 사장'으로 불릴 만큼 상술과 사업기질이 뛰어난 사람들이 많다. 남한 크기만 한 저장 성이 중국 중소기업의 산실인 것이다.

이 장에서는 중소기업에 대해 얘기하려 한다. 그래서 원저우 얘기를 꺼낸 것이다. 한국은 반드시 '창업하기 좋은 나라'가 돼야 한다. 여기에 나라의 미래가 있다. 그런데 우리의 창업 여건은 아주 좋지 않다. 특히 실패에 대해 아주 인색하다. 한번 실패하면 신용도가 떨어지는 등 실패자가 되고 다시 기회를 잡기가 어렵다. 자신만 실패하는 것이 아니라 가산 탕진 등 소중한 가족들까지 고통을 받는다. 이래서는 안 된다.

미국 등 기업가정신이 발달한 선진국에서는 그렇지 않다. "실패 경험이 없으면 오히려 투자를 받지 못한다." 앞서 소개한 창조경제의 주창자 존 호킨스 박사의 설명이다. 미국 실리콘밸리에서 벤처 성공 사례를 분석했더니 성공에 앞서 실패를 경험한 횟수가 평균 3회로 나왔다. 평균이 3번이다. 그 이상 실패를 하고도 끝내 대성공을 거둔 경우가 흔하다는 것이다. ‘창조경제의 국가’로 불리는 이스라엘에서도 ‘실패해도 사람이 망가지지 않는 문화’를 가지고 있다. 엔젤펀드 등 좋은 인프라뿐만 아니라 사람들의 마인드가 우리네와는 다른 것이다. 이스라엘의 창업가는 ‘투자금을 다 날려도 투자한 사람 잘못이지 내가 속인 게 아니다.’라고 생각한다고 한다. 이런 당당함이 실패해도 계속 도전하게 만드는 원동력인 것이다.

뒤에서 자세히 소개하겠지만 이 대목에서는 기본철학이 중요하다. 벤처기업, 즉 창조에 대한 지원은 융자가 아니라 투자여야 한다. 그 창조가 실패로 끝나면 투자도 실패한 것이다. 그래야 창조경제의 주역들이 마음껏 나래를 펼칠 수가 있다. 물론 실속은 없고 투자금 확보에만 열을 올리는 좀비 벤처기업이 나올 위험성도 있다. 그래서 벤처캐피털(창투사)의 역할이 중요하다. 이들은 대기업과 중소기업을 잇는 교량 역할을 한다. 단순히 자본 투자 이익만을 챙겨서는 곤란하다. 아이디어의 옥석을 가리고, 좋은 것에는 과감하게 투자를 하고, 책임을 져야 한다. 선진국의 경우 정부 개입이 없어도 시장에서 이 같은 메커니즘이 이미 성공적으로 작동하고 있다. 우리도 이런 메커니즘이 뿌리를 내릴 수 있도록 정부와 창투업계 등이 시급히 노력해야 하는 것이다.

전 세계적으로 ‘한국 사람은 모두 기업가’라는 말이 나올 정도로 ‘중소기업의 나라, 코리아’를 꿈꾸며 SMALL에 대한 얘기를 시작한다.

부의 복음

2006년에서 2008년 사이로 기억한다. 세계 부자 랭킹 1, 2위로 꼽히는 빌 게이츠(마이크로소프트 공동 창업자)와 '오마하의 현인'으로 불리는 투자자 워런 버핏은 연신 세계를 놀라게 했다(아니, 감동시켰다는 표현이 더 정확할 것이다). 그런데 국내 재계순위 1, 2위인 삼성과 현대도 같은 시기 우리 국민들을 놀라게 했다.

먼저 게이츠와 버핏. 세계 최고의 부자 게이츠는 1994년 일찌감치 아내와 자신의 이름을 딴 재단을 설립했다. 그리고 자녀들에게는 1,000만 달러(이 액수는 게이츠 전체 재산을 고려하면 그의 말처럼 정말 소액이다)씩만 상속하고 재산의 대부분은 사회에 환원하겠다고 각종 미디어를 통해 밝혔다. 그의 사회활동은 2008년 은퇴를 계획한 상태에서 한층 구체화되고 있었다. 이런 차에 버핏은 2006년 '빌&멜린다 게이츠 재단'에 자신의 회사(버크셔해서웨이) 주식 2,500만 주를 기부하면서 향후 재산의 99% 이상을 기부하겠다고 공언했다. 천문학적인 기부도 대단한데 이중 많은 액수를 자신의 재단도 아닌 빌 게이츠의 재단에 보냈기에 그 진정성이 한층 돋보였다. 버핏의 세 자녀도 '아버지 결정이 옳았다.'고 흔쾌히 받아들여 또 한 번 감동을 안겼다. 이 둘은 이후 지금까지 매년 다양한 방식으로 천문학적인 액수를 사회에 내놓고 있다. 버핏은 아예 미국 부유층들의 기부 활동을 촉진하기 위한 캠페인인 '기부 약속(The Giving Pledge)' 운동을 전개하고 있다. 신자유주의에 따라 양극화가 심해지자 게이츠와 버핏 등 미국의 부자들은 상속세 인하에 반대하고, "우리 부자들로부터 세금을 더 거두라."고 주문하기까지 했다.

같은 시기 한국은 재벌들에 대한 혐오가 극에 달했다. 국민들이 그들의 잇단 경제범죄에 놀란 것이다. 2006년 현대자동차그룹은 현대글로비스 비자금 사태가 터진 후 1조 원의 사재 출연을 약속했고, 이중 6,500억 원을 정몽구재단에 주식 기부 방식으로 출연했다. 이어 2007년에는 삼성그룹 비자금 사건이 터졌고, 삼성의 오너 이건희 회장 측은 8,000억 원을 사회에 공헌하겠다고 밝혔다. 출연 방식은 이 회장 일가와 삼성 계열사가 설립한 장학재단의 기금으로 4,500억 원을 내고, 이 회장의 막내 딸 윤형 씨가 남긴 재산 3,500억 원도 기부한다는 것이었다.

같은 기부라도 영 못마땅했다. 미국의 부자들은 '계몽된 이기심'이라는 표현이 나올 정도로 자발적으로 나섰다면 현대와 삼성은 추잡한

경제비리에 대한 반감을 완화하고, 또 이를 통해 사법부에 선처를 호소하기 위한 것이었기 때문이다. 이들은 기부에 앞서 회사 벽 비밀금고에 비자금을 은닉하고, 각종 탈세와 편법 증여 등으로 국민들의 눈살을 찌푸리게 만들었다. 그리고 그 경제비리의 근저에는 '어떻게 내 자식에게 한 푼이라도 더 물려줄 수 있을까?'라는 천박한 속물근성이 자리했던 것이다.

상황이 이러니 아무리 좋게 생각하려 해도 한국에서 부자와 재벌이 존경받지 못하는 것은 틀림없다. 돈이 많으니 부러움의 대상이 될지는 몰라도 국민들은 그들에 대해 심한 반감을 갖는 것이다. 당시 한 조사에 따르면 국민의 55%가 재벌과 기업주에 대해 적대적이거나 부정적으로 인식했다. 그때 재계인사 한 분이 이 같은 반기업정서에 대해 개탄하며 "너무 억울하다."고 불만을 토로한 바 있다. "도대체 우리나라 경제를 누가 이 정도로 끌어올렸으며 이 많은 일자리를 누가 마련했느냐?"는 것이다. 2011년에도 극심한 기업 양극화에 동반성장위원회가 초과이익공유제를 들고 나오자 이건희 삼성 회장은 "우리가 지금 공산주의 체제 속에 있는 것이냐?"고 발언해 파문이 일었다. 양쪽의 골이 깊다.

같은 자본주의인데 미국과 한국은 왜 이렇게 다를까? 일단 원인 분석을 하기 전에 이 문제와 관련해 책 한 권을 소개하고 싶다. '강철왕' 앤드류 카네기(1835~1919)가 쓴 《부의 복음》이다. 분량이 짧은 이 책은 '기부자의 경전'으로 불린다. 책의 내용을 한마디로 정리하자면 '부자로 죽는 것은 망신'이라는 것이다. 카네기는 자본주의 사회에서 부

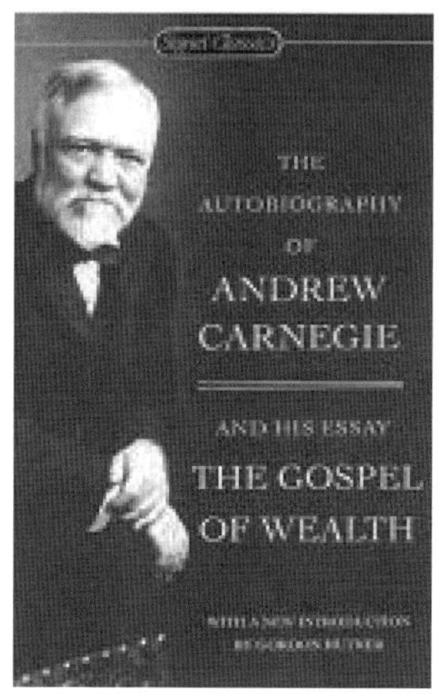

앤드류 카네기의 사진을 담고 있는
《부의 복음》

의 격차는 어쩔 수 없는 것이라고 보았다. 또 그럼에도 불구하고 자본
주의는 그 어떤 사회 시스템과 비교해도 장점이 더 많다고 했다. 하지
만 부의 원천은 사회, 즉 공동체에 있다고 간파했다. 부는 개인의 것
이 아니라 공동체 전체의 산물이라는 것이다. 부를 이룬 사람은 가족
등 누군가에서 상속하거나 죽을 때 기부하거나 생전에 사회에 환원할
수 있다고 카네기는 봤다. 그런데 상속과 사후 기부에 대해서는 반대
했다. 상속은 후손들을 위해서라도 좋지 않고, 사후 기부도 돈이 고인
의 뜻대로 사용된다는 보장이 없기 때문이다. 그래서 열심히 노력해
서 부를 이루고, 또 생전에 부를 사회로 돌려주는 것이 최선이라는 결
론에 달한 것이다. 실제로 카네기는 생전에 재산의 90%를 사회에 헌
납했다. 3억 7,000만 달러, 요즘 가치로 50억 달러가 훌쩍 넘는 돈이

다. 비록 자신의 사업체에서 노동자를 탄압하기도 했지만 이 같은 철학과 실천 덕에 그는 '현대 자선사업의 아버지'가 됐다. 그리고 이것은 위대한 유산이 됐다. 빌 게이츠는 《부의 복음》을 읽은 후 1994년 빌게이츠재단을 설립했고, 워런 버핏도 자신의 기부는 카네기를 본받은 것이라고 밝힌 바 있다. 이밖에도 미국에서는 록펠러가 가난한 사람들을 위해 뉴욕의 수도세를 부담하는 등 감동적인 기부의 사례는 차고 넘친다(그래서 아직도 뉴욕의 일부 지역은 수도세가 없다).

그런데 자본주의의 본거지인 미국이 시작부터 이랬던 것은 아니다. 20세기 초반까지는 지금의 우리와 마찬가지로 나라 전체에서 반기업 정서가 아주 높았다. 국민들이 재벌을 가리켜 '강도 귀족들(Robber Barons)'이라고 부르기도 했다. 재벌은 온갖 비리와 부조리에 관련됐고, 정경유착도 뿌리가 깊었다. 이 사이 중소기업과 소상인, 노동자·농민은 버거운 삶을 살았고, 소중한 환경도 난개발로 심하게 훼손됐다. 그 여파로 대공황이 발생하기도 했다.

이런 가운데서도 카네기 등이 일찌감치 기부의 씨를 뿌렸고, 2차 세계대전을 전후해 부자, 즉 재벌들의 각성이 이루어졌다. 자신들이 이룬 부를 자식들에게 불로소득으로 대물림하지 않고 흔쾌히 사회에 환원하기 시작했다. 자신들의 부는 사회에서 나온 것이고, 사회가 안정되지 않으면 그 부 자체가 위협받는다는 것에 공감한 것이다. 또 상속은 자식들에게 이롭지도 않다는 것이 여러 경로로 입증됐다. 천문학적인 유산을 사회단체에 기부하는 사례가 계속됐고, 또 문화·예술·환경 등에도 부자들의 기부가 중요하게 쓰였다. 정부도 이들을 독려했고, 기업은 나아가 황제경영, 족벌경영, 친족상속, 정경유착, 탈세 등 구태를 벗어던졌다. 이런 과정을 거쳐 반기업정서가 사라지는 변화가 일어난 것이다.

결국 기부문화의 차이도 '문화지체 현상'으로 설명할 수 있는 것이다. 자동차와 도로 같은 하드웨어는 짧은 시기에 눈부신 발전이 가능해도, 교통질서 등 그 사회의 문화는 그만큼 빨리 성숙되지 않는다는 이론 말이다. 모든 것을 압축해버리는 한국식의 고도성장은 슈퍼부자를 양산했지만, 그들의 기부문화는 아직 생색 내기나 여론 무마용을 벗어나지 못하고 있는 것이다.

그러면 우리도 늦었지만 문화지체를 따라잡기 위해 미국식의 기부문화를 확산하는 것이 남았다. 이를 위해 캠페인도 하고, 어려서부터 사회성 교육을 강화하고, 언론에서도 부자 기부를 크게 조명해야 할 것이다. 그래서 우리도 카네기, 빌 게이츠, 워런 버핏 같은 부자들이 나오도록 만들자!

좋은 얘기다. 그리고 반드시 이런 노력은 전 사회적으로 이루어져야 한다. 하지만 개인적으로 이것은 근본적인 해결이 아니라고 생각한다. 이유는 세 가지다. 먼저 기부문화가 충만한 미국에서도 아직도 부의 격차 해소는 심각한 문제 중 하나다. 경제위기가 닥치면 아무래도 약자와 중산층에게 그 고통이 먼저 전가되기 마련이다. 2011년 미국을 강타한 '월가를 점령하라(Occupy Wall Street)!' 시위가 대표적인 사례다. 두 번째로 미국식 기부 문화는 아직까지 우리네 문화에서는 너무 요원하다. 중병에 들었는데, 어떻게 자연치료를 바라겠는가? 가까운 미래에 우리네 부자들이 '착한 사마리아인'이 되기를 바라는 것은 너무 순진하지 않은가? 또 그것이 달성되기까지 감수해야 할 피해가 너무 크다. 끝으로 세 번째는 부자들의 기부만으로는 해결할 수 없는 재벌의 폐해가 너무 크다. 지금과 같은 몇몇 재벌 중심의 경제로는 나라의 미래가 없는 것이다.

따라서 지금처럼 재벌이 한국 경제의 포식자로 군림하는 것을 막는 제도적, 법적인 안전장치를 하루빨리 마련하는 것이 필요하다. 다행히도 재벌 개혁은 2013년 들어서 박근혜 정부는 물론이고, 많은 이들이 공감하는 이슈가 됐다. 이미 전 사회적으로 공감대가 형성돼 있고, 일부 재벌은 알아서 이런 사회적 흐름에 동참하고 있기도 하다(예컨대 골목상권 보호, MRO사업 철수 등).

그리고 이 대목에서 중요한 것이 하나 있다. 재벌 규제만 강조할 것이 아니라 반대편에 있는 중소기업을 육성하는 것이 훌륭한 대안이 된다는 점이다. 어떤 질병이든 시술과 함께 적절한 운동이 완치에 도움이 되는 법이다. 재벌 규제가 시술이라면 중소기업 육성은 항상 수행해야 할 필수운동과 같은 것이다. 튼실한 중소기업이 많아지고, 중소기업이 대우를 받게 되면 대한민국은 저절로 '재벌공화국'이라는 오명에서 벗어날 수 있다.

그들의 중소기업은 어떨까?

#1.

젊은 사람들은 잘 모르겠지만 1986년 챌린저 호 사건은 큰 충격이었다. 세계 최강국 미국이 최고의 우주항공기술로 우주왕복선을 쏘아 올렸는데 발사 직후 수많은 관중과 수천만의 TV 시청자가 지켜보는 가운데 공중 폭발했다. 그런데 기술적 결함의 이유는 황당했다. 15만 개 이상 부품 중 최첨단 기술이 동원되었거나, 큰 곳에서는 이상이 없었는데, 단 하나 어느 중소업체에서 납품한 고무 이음새 하나에 문제가 있었다. 아니, 제품의 문제는 아니었다. 제품은 정상이었지만 극도로 추운 날씨에 고무 링이 수축돼 제 기능을 하지 못했던 것이다.

#2.

2011년 유성기업의 아산공장에서 노사 문제가 발생했다. 그 이름조차 생경했던 자동차 부품회사가 노사 갈등으로 생산 차질을 빚었는데 한국 사회는 이 '작은 곳'에 집중해야만 했다. 그럴 만도 한 것이 이 회사의 공정이 돌지 않으면서 발생한 자동차업계의 손실이 1조 원에 달했기 때문이다. 평소 그 이름조차 생경했던 이 부품 회사는 자동차 엔진 실린더에 들어가는 핵심 부품인 피스톤 링을 만들었다. 1개당 1,000원 남짓했다. 하지만 제대로 된 이 제품을 대량으로 생산할 업체가 없었던 것이다. 현대차, 기아차, 상용차, 한국GM, 르노삼성 대기업이 유성기업 사태로 일손을 놓았다. 1억 원이 넘는 최고급 승용차도 중소기업의 1,000원짜리 부품이 없으면 완성이 안 되는 것이다. 이런 걸 경제학자들은 '중소기업의 나비효과'라고 말한다.

이 일화는 눈에 잘 띄지 않는 중소기업의 역할이 얼마나 중요한가를 잘 보여주는 대표적인 국내외 사례다.

현재 우리 사회에서 대기업 편중 현상이 심각하고, 향후 중소기업을 육성해야 한다는 데는 이견이 없다.

그러면 여기서 시선을 해외로 돌려보자. 우리보다 앞서 산업화를 이루었고, 그리고 지금의 우리보다 견실한 경제 토대를 갖고 있는 나라들의 경제 모델은 어떤지 말이다.

먼저 북유럽의 대표적인 복지국가 스웨덴으로 가보자. 한때 볼보(자동차)와 아바(가수)의 나라로 알려졌던 이 나라는 과거 노무현 정부가 모델로 삼기도 했다(실제로 2005년 무렵 스웨덴 배우기 열풍이 불었다). 하지만 여기에는 분명 문제가 있다. 스웨덴이 우리에게 주목을 받는 이유는 성공한 복지 모델이기 때문이지 중소기업을 기초로 한 견실한 경제구조 때문이 아니다.

스웨덴은 오히려 우리와 마찬가지로 대기업 중심이다. 세계적인 대기업과 하청기업이 국가경제를 이끈다. 예컨대 국내 언론에도 크게 소개된 바 있는 발렌베리 가문[12]은 150년의 역사에 14개 핵심 계열사들이 스웨덴 스톡홀름 증권거래소 시가 총액의 절반 이상, 국내총생산(GDP)의 30%를 차지하고 있다. 쉽게 인구 850만 명인 스웨덴에서 경제는 물론, 정치·사회적으로 1/3의 비중을 차지한다. 한국에서의 삼성보다 비중이 더 큰 것이다. 경영의 투명성, 하청업체와의 공생 관계 등이 빼어난 까닭에 문제가 두드러지지 않을 뿐이다. 중요한 것은 스웨덴은 중소기업 측면에서는 배울 게 별로 없다는 점이다. 많은 세금에 대한 사회적 합의가 있고, 정치와 경제 등에서 투명도가 높다는 장점, 즉 경제민주화와 복지의 영역에서 벤치마킹의 의미가 있는 것이다. 어쨌든 스웨덴의 산업구조는 한국 같은 전쟁적인 상황과는 안 맞는다. 한국처럼 세계의 경제전쟁에서 살아남기 위해 발버둥쳐야 하는 절박한 처지에서는 투명한 대기업이 선도하는 경제로는 턱없이 부족하기 때문이다.

---

12 인베스터라는 지주회사를 통해 계열사를 거느리고 있는데 이중 통신장비업체 에릭슨, 발전설비업체 ABB, 가전업체 일렉트로룩스, 제지업체 스토라엔소, 베어링업체 SKF 등 무려 5개 기업이 각각 해당 분야에서 세계 1위를 차지하고 있다.

마찬가지로 핀란드가 화제가 되는데 이는 훌륭한 교육제도 덕이 크다. 하지만 인구 500만 명에, 우리와는 문화가 크게 다른 핀란드를 그대로 흉내 내는 것은 어렵다. 핀란드에게서 참고할 것은 성공적인 '포스트 노키아' 대응책이다. 노키아가 애플, 삼성의 스마트폰 공세에 참담하게 무너졌지만 여전히 핀란드 경제가 건재한 것은 정부와 민간이 수만 개 벤처기업을 살려 노키아를 계승했기 때문이다. 세계적으로 유명한 스마트폰 게임 '앵그리버드'의 로비오(ROVIO)사가 이들 포스트 노키아 벤처기업 중 하나다.

2013년 여름《2030 대담한 미래》는 자극적인 제목을 책을 낸 소장 학자 최윤식 씨는 핀란드 사례를 언급하며 "스마트폰 산업의 호황기는 오래 못 간다. 새로운 성장동력 준비해야만 산다. 그렇지 않다면 삼성의 몰락은 5년 안에 시작되고, '한국판 잃어버린 10년'으로 갈 것"이라고 일갈했다. 이 책은 또 "(한국이 따라 한) 일본은 엔저라는 마지막 카드를 꺼내 들었지만 아베노믹스는 시간을 늦출 수는 있지만 근본적인 해결책은 안 된다. IMF 구제금융 등으로 크게 고생할 것이다. 중국은 지식의 폭과 깊이가 대단하다. 세계 경제에서 일본과 한국이 무너진 자리를 대체할 가능성이 높다. 하지만 40년 내로 미국을 능가할 수는 없다. 한국이나 중국 모두 소프트웨어 분야와 미래 성장의 아이디어에서 미국을 따라잡기는 쉽지 않다."고 전망했다. 작은 벤처기업에 나라 경제가 달려 있다는 분석이었다.

2013년 각종 미디어를 통해 창조경제 및 벤처 창업과 관련해 가장 많이 사례로 거론된 나라가 바로 이스라엘이다. 김광두 원장을 비롯한 다수의 관료와 학자들이 이스라엘을 창조경제의 모델로 인식하기도 한다. 심지어 이스라엘로 창조경제 탐방을 떠나기도 했다. 결론부터 말하자면 이스라엘은 부분적으로 배울 것이 많지만 한국의 롤 모델로는 적당치 않다.

일단 이스라엘의 창조경제를 보자. 인구 780만 명에 충청도만 한 면적의 이 나라는 좁은 국토, 창의적 국민성, 전쟁 위험지역 등 한국과 유사한 상황이 많다. 그리고 벤처기업 육성과 관련해 놀라운 데이터가 많다. 미국 나스닥 상장 2위, 노벨상 22%, 인구 800명당 1명 창업, 전 세계 수백 개 글로벌기업의 연구개발(R&D) 센터 유치 등.

한 인터넷 블로그를 보니 이스라엘의 한 창업가는 "이스라엘에서는 누구든 쉽게 창업할 수 있다. 이스라엘 사람들은 모두 연결돼 있다. 좋은 아이디어만 있으면 멘토도 투자자도 쉽게 만날 수 있다."고 더없이 좋은 벤처 환경에 자부심을 나타냈다.

그런데 이런 '창업의 천국' 이스라엘은 저절로, 자연스럽게 된 것이 아니다. 시작은 정부 주도였다. 정부가 민간을 불러들여 1억 달러를 벤처 육성 기금을 마련했다(요즈마펀드). 우리 돈 1,000억 원 정도로 많다고 할 수 있는 액수가 아니다(한국은 사실 이런저런 지원책을 다 합치면 이보다 훨씬 많은 투자를 해왔다). 그런데 이 기금 운영이 잘됐다. 성공한 벤처기업이 재투자하는 등 지금은 4조 원이 넘는 규모로 커졌다. 정부가 씨앗을 뿌리고, 민간을 거치며 대성공을 거둔 것이다. 자금이 풍족하고, 적재적소에 쓰이는 벤처 환경이 좋을 수밖에 없다. 이 점은 우리가 꼭 배워야 할 벤치마킹 사례다.

그런데 뒤에 교육 문제에서 언급할 기회가 있겠지만 이런 정책적 성공의 바탕에는 이스라엘 특유의 문화가 자리잡고 있다. 예컨대 이스라엘에는 '후츠파 정신'이라는 게 있다. 이스라엘의 국민성이나 문화를 설명할 때 가장 보편적으로 쓰이는 말이다. 탈무드는 랍비와 제자가 논쟁하는 형식으로 구성돼 있는데 여기서 제자는 랍비의 가르침에 꼭 찬성해서는 안 되며, 랍비가 비록 많은 경험과 지식을 갖고 있더라도 제자는 랍비에 반하여 논쟁을 해야 한다고 가르친다. 이 정신이 바로 후츠파 정신이다.

실제로 이스라엘은 아무리 직급이 낮은 직원이라도 상사에게 자연스럽게 반대의견을 내놓거나 자신의 아이디어를 서슴없이 이야기할 수 있는 개방적 문화를 가지고 있다. '성공하는 기업은 항상 아이디어가 가득해야 한다.'는 말이 실현되고 있는 것이다. 위계질서에 얽매이지 않는 수평적인 소통! 이런 문화는 지구상에서 가장 예의범절을 많이 따지는 한국이 빠르게 따라 하기에는 어려움이 있다. 이스라엘의 이런 정신과 문화는 긴 세월 축적돼온 것이다. 우리 국민 모두가 후츠파라는 문화를 공유하고, 교육과정을 바꾸는 것은 어쩌면 현재 상황에서는 불가능에 가깝다.

즉 이스라엘의 벤처 지원 정책은 크게 참고하되, 무조건 이스라엘 시스템을 우리에게 이식한다고 성공할 수는 없다는 사실을 분명히 해야 한다. 대한민국 현실에 맞는 대한민국 맞춤형 창조경제를 창출해야 하는 것이다. 한국을 방문한 존 호킨스 교수도 한국이 이스라엘 창조경제 모델을 따라가는 것에 대해 "이스라엘은 특수 상황이다. 참고만 할 뿐"이라고 일축한 바 있다. 현실에서도 싱가포르가 이스라엘 모방을 시도했으나 실패한 바 있다.

잃어버린 10년 등 혹독한 경제 불황에 시달렸고, 최근 아베노믹스로 경제 살리기에 몸부림을 치고 있는 이웃나라 일본은 어떨까? 일본은 아무리 예전만 못하다 해도 여전히 세계적으로 영향력이 큰 경제 대국이고 제조업 강국이다. 그리고 중소기업의 토대도 굳건하다. 하지만 역시 우리의 롤 모델이 될 수는 없다. 일본은 우리와 마찬가지로 대기업 지배형 경제이고, 중소기업은 그 밑에서 토대를 튼튼히 구축하는 정도다. 즉 중소기업의 토대가 굳건하고, 대기업과 중소기업의 상생 정도가 뛰어날 뿐이지 우리가 추구하는 창조경제형 중소기업은 아닌 것이다. 이스라엘과 마찬가지로 좋은 시스템만 부분적으로 벤치마킹할 사단취장(捨短取長)의 대상이다.

일본은 일단 수치상 우리와 비슷하다. 전체 기업 중 일본 99.2%가 중소기업이고, 고용의 79.9%를 중소기업이 책임지고 있다. 역사적으로 보면 에도 시대부터 전통적으로 일본은 소규모 제조업을 중시해왔고, 1980년대 이후 정부의 지속적인 소재부품산업 육성책에 힘입어 일본 중소기업은 더욱 탄탄한 기술력으로 무장했다. 조금 구체적으로 설명하자면 중소기업의 상류산업(소재부품) 강화가 하류산업(조립)의 수출경쟁력 강화로 이어지는 튼실한 구조를 갖추고 있다. 요코하마에 위치한 중소기업(아마노우치제작소)이 미국항공우주국(NASA)의 우주정거장 생명과학 실험시설용 부품을 공급하고, 오사카의 작은 부품회사(하드록)가 '풀리지 않는 너트'로 빅히트를 칠 정도로 중소기업이 근간을 이룬 일본의 소재 부품산업은 세계적인 경쟁력을 보유하고 있다.

또 일본 중소기업에는 장수기업 중심, 장인정신이라는 강점도 있다. 먼저 다수의 장수기업이 기술 축적과 인재 양성에 성공을 거두고 있다. 창업 100년 이상의 기업은 무려 1만 5,207개로 우리나라 중소기업의 평균수명 10.6년과 극명한 대조를 이룬다. 장인정신은 '좋은 물건 만들기(모노즈쿠리[13])' 라는 일본 고유의 상품철학으로 유명하다. 좋은 물건을 다품종 소량 생산하니 시장의 흐름을 파악하고 대응하는 능력이 뛰어난 것이다.

어쨌든 일본은 중소기업이 경제의 버팀목 역할을 충실히 수행하는 것만은 틀림없다. 이종윤 한일경제협회 부회장은 2013년 7월 〈중앙일보〉를 통해 "한국 경제에서 가장 취약한 분야가 중소기업이라는 사실은 부인하기 힘들다. 중소기업만 일본 수준에 도달하면 한국 경제도 명실공히 선진경제라 불릴 수 있을 것"이라며 일본 중소기업 예찬론을 폈다. 특히 이 부회장이 설명한 대기업과 중소기업이 윈윈하는 다양한 모습은 한국이 꼭 참조해야 할 것으로 판단된다.

하지만 일본의 중소기업은 한계 또한 뚜렷하다. 의외로 세계시장에서 두각을 나타내는 중소기업은 많지 않다. 또 발군의 창의성을 바탕으로 세계적인 기업으로 성장하는 사례가 미국, 독일, 이스라엘 등에

---

13 もの造り. 일본 특유의 장인정신을 뜻하는 조어로 후지모토 다카히로 도쿄대 교수가 만들었다. 물건을 뜻하는 '모노'와 만들기를 뜻하는 '즈쿠리'가 합성된 용어로, '혼신의 힘을 쏟아 최고의 물건을 만든다.'는 뜻이다. '모노즈쿠리 중소기업'은 글로벌 경쟁력을 가진 중소기업을 의미한다.

비해 적다. 충실한 대기업의 파트너에 그치는 경우가 많다는 것이다. 어쩌면 이런 구조가 일본이 패스트 팔로어였을 때는 세계가 두려워할 정도로 엄청난 경제 발전을 이루는 원동력이 되었지만, 정점을 찍은 후에는 장기불황을 낳은 동전의 양면일 수 있다. 실제로 한때 세계 전자제품 시장을 장악한 소니, 파나소닉 등 일본의 전자회사들이 이제는 10개 회사를 모두 합쳐도 삼성전자 하나를 못 당하게 된 데는 창의적 중소기업을 위한 생태 구조가 마련돼 있지 않았기 때문이라는 지적이 많다.

이제 세계 최대의 경제대국인 미국으로 가보자. 디트로이트 시 정부의 파산, 재정위기 등 미국 경제의 위기론이 아무리 거세도 미국의 기술력은 여전히 세계 최고다(전통의 미국 제조업도 오바마 정부 들어서부터 회복의 기미를 보인다). 기초과학, 응용과학, 첨단과학, 융합, 우주항공학 등 거의 모든 분야에서 미국은 인류 기술 발달의 정점에 서 있는 것이다. 자유시장과 자유경쟁, 다양성 및 개성 존중, 창의성 교육 등의 미국정신이 미국의 기술력을 굳게 뒷받침하고 있다.

이러한 미국의 중소기업 시스템은 의미심장한 면이 있다. 기본적으로 '자유'를 존중하는 까닭에 얼핏 보면 중소기업도 자유경쟁의 철학에서 벗어나지 못하는 듯싶다. 즉 알아서, 자기능력껏 시장에서 잘 성장하라는 것 말이다.

그런데 좀 더 상세하게 보면 원칙이 이러할 뿐 미국 정부의 중소기업 지원책은 의외로 막강하다. 현실적인 지원 강도를 생각하면 한국은 물론, 일본보다도 강력한 면이 있다. 미국은 중소기업 비중이

85.7%, 고용 비율이 49.9%로 한국과 일본에 비해 떨어진다. 그런데 이들을 위해 중소기업법(Small Business of Act)이 제정돼 있고, 또 중소기업청(SBA Small Business Administer Action)을 대통령 직속기구로 두고 있다. 말이 '청'이지 한국보다 더 높은 장관급 정부조직이다. 한국과 일본도 중소기업청이 있지만 대통령이 직접 관장하지 않는다는 점에서 오히려 현실적 영향력은 더 약하다고 할 수 있다. SBA는 중소기업에 관한 모든 업무를 총괄하기 때문에 상급부처인 산업통상자원부는 물론 관련 부처의 눈치를 봐야 하는 한국보다 업무집중도와 효율성이 뛰어나다. 지부도 미국 본토의 주요 도시는 물론 푸에르토리코, 미국령 버진아일랜드, 괌까지 설치하고 있다.

구체적인 법조항도 이것이 자유경쟁의 표징인 미국이 맞나 싶을 정도로 중소기업을 배려하고 있다. 중소기업법 제2조 (a)항을 보면 '안보와 경제 발전은 중소기업의 현실적 및 잠재적인 능력을 개발하지 않고서는 실현될 수 없다.'고 규정하고 있다. 다시 한 번 읽어보자. 안보와 경제 발전은 국가의 가장 중요한 두 축이다. 이 두 축은 중소기업의 발전 없이는 불가능하다고 했으니 국가는 중소기업을 가능한 범위 내에서 최대한 지원, 보조, 보호, 자문해야 하는 것이다. 대단히 포괄적이고, 또 그렇기 때문에 가장 강력한 형태의 문구라고 할 수 있다.

실제로 미국에서는 조달청 물량 중 37% 가량이 중소기업으로 나간다. 그리고 큰 프로젝트는 대부분 멘토 프로그램에 가입한 중소기업에 우선 배정된다. 중소기업이 주 계약자이고, 대기업은 그 중소기업의 하도급 기업이 되는, 우리로서는 보기 드문 형태인 것이다.

이렇게 겉으로는 자유경쟁을 부르짖지만 중소기업 육성과 관련해서는 정부가 특별한 지원정책을 펴고 있는 곳이 미국이다. 그런데 여기에 그치지 않고, 미국은 최근 중소기업 육성을 실업 문제 타개 등 경제 발전의 핵심으로 이해하고, 놀라운 정책을 추가로 펼쳤다.

오바마 정부는 2011년 2월 혁신적 중소기업을 지원하는 '스타트업(신생기업) 아메리카' 프로그램을 시행했다. 당시 미국 실업률이 9.8%로 심각했다. 오바마 정부는 기업이 창업 5년까지는 고용을 늘리지만 5년이 지나면 고용을 축소하는 것에 착안해 창업 활성화에 집중한 것이다. 창업이 계속된다면 실업률은 떨어질 것이라는 판단이었다. 원인 분석과 대책은 단순했지만 그 효과는 놀라웠다. 2년 만에 미국의 실업률은 7.8%까지 줄어들었다. 스타트업 아메리카에는 애플 같은 대기업들이 적극 동참해 1조 5,000억 원을 조성했고, 크라우드 펀딩이 파생됐다. 또 성공한 창업자가 벤처캐피털을 운영해 아이디어에서부터 육성, 엑시트(매각)까지 참여해 스타트업의 성공률을 높였다. 비영리재단인 스타트업 아메리카는 여행상품 가격 비교 사이트인 프라이스라인의 창업자로 유명한 스콧 케이스가 이사장을 맡았다. 지금도 각 주별로 대학과 스타트업 연계 사업을 펼치고 있고, 마이크로소프트와 구글, 페이스북, 델, 시스코, 페덱스, 휴렛팩커드, IBM 등 대기업들이 파트너로 후원한다.

지금까지 대략적이나마 전 세계 주요 국가의 중소기업 정책을 살펴봤다. 나라마다 특색이 있고, 장단점도 있다. 중요한 것은 우리네 예상보다 그들은 중소기업 육성에 매진하고 있다는 사실이다. 관련 국가기구가 왕성히 활동하고, 법제화도 튼튼했다. 더욱이 이런 중소기업 육성책은 날이 갈수록 강화되고 있다. 바로 여기에 주목해야 한다. 우리도 마음이 급해지는 것이다. 하루빨리 창업하기 좋은 나라, 중소기업의 주춧돌인 국가경제를 만들어야 한다. 그렇지 않으면 앞서 언급한 나라를 영원히 따라잡을 수 없거나, 역전을 허용할 수 있기 때문이다. 더 이상 형식적인, 판에 박힌, 목소리만 높이는, 진정성이 결여된 중소기업 육성책에 그쳐서는 안 된다. 누가 "한국의 중소기업은 어떻습니까?"라고 물으면 "대한민국은 창소기업입니다."라고 자신 있게 말할 수 있을 정도로 창조경제의 개념을 접목한 한국식 중소기업을 육성해야 하는 것이다.

KBS의 히든 챔피언

중소기업, 창조경제, 그리고 창소기업을 업(業)으로 삼게 되면서 재미있게 보는 TV 프로그램이 하나 생겼다. KBS 1TV가 2013년 4월 10일부터 매주 수요일 밤 10시 50분부터 방영하는 〈히든 챔피언〉이라는 프로그램이다. 일반인들에게는 생소할 수 있지만 혁신을 통해 세계시장을 개척하고 있는 '한국형 히든 챔피언'을 발굴해 소개하고 있다.

따지고 보면 원래 있던 프로그램을 내가 뒤늦게 발견하고 좋아하게 된 것이 아니다. 필자가 중소기업법률지원센터를 만든 지 1년 만에, 그리고 창소기업이란 개념을 생각하고 있을 무렵에 이 프로그램이 나왔다. 이 프로그램의 기획자나 PD, 누구도 알지 못한다. 그런데 필자의 창소기업과 꼭 일치하는 것은 아니지만 이 프로그램은 제목부터,

그리고 내용까지 상당부분 그 제작 정신이 창소기업과 공유하는 면이 많았다. 당연히 이 방송을 처음 접하고 아주 기분이 좋았다. 나와 비슷한 생각을 가진 강력한 아군을 만났다는 생각 때문이다. 다만 아쉬운 것은 남의 나라 용어인 히든 챔피언보다 '창소기업'이 훨씬 낫다는 생각 하나였다. 조금만 더 빨리 창소기업의 개념을 만들었으면 좋았을 것을….

1. 세계 건축시장의 숨겨진 보석―마이다스IT

2. 약국 자동화 시스템 1위― JVM

3. 세계 보안시장의 숨은 강자―아이디스

4. 세계 최고를 꿈꾸는 광학기업―휴비츠

5. 광학필름의 작은 거인―미래나노텍

6. 세계 바이오산업의 샛별―씨젠

7. 세계 자동차 휠의 강자―핸즈코퍼레이션

8. 산업용 단말기의 대표주자―블루버드

9. 유압실린더의 절대 강자―동양기전

10. 절삭공구의 리더―와이지원

이상은 1회부터 10회까지의 한국 히든 기업 리스트이다. 솔직히 10개 중 전부터 알고 있었던 것은 거의 없었다. '본방 사수'로 혹은 VOD로 이들 기업을 만나면서 중소기업에 대한 애정, 창소기업 육성 등 내 의지도 한층 강해졌다. 지금도 이럴 정도인데, 창소기업 기치 아래 국가적으로 창업 열풍을 선도한다면 우리의 미래는 얼마나 밝을까 하는 설렘까지 들었다.

방송 얘기가 나왔으니 과연 어떤 기업들인지 잠깐 살펴보자. 동국 S&C는 IMF 외환위기 때 적자사업부로 동국산업에서 퇴출 위기를 맞았다. 그러던 중 남은 직원 15명이 생존을 위해 풍력발전기의 기둥, 즉 윈드타워를 선택했다. 사실 윈드타워가 무엇인지도 제대로 모른 채 그저 살기 위한 열정만으로 시작했다. 그런데 동국 S&C는 현재 일본시장 70%를 점유하고 있고, 연 3,000억 원 이상의 매출을 올리는 강소기업이 됐다. 이 과정에는 열정은 물론 기술 개발, 새로운 경영 방식 도입 등 피나는 노력이 숨어 있다.

SD(Standard Diagnostics)라는 기업도 인상적이었다. 부제가 '인류 건강을 검사한다.' 였는데 내용이 제목 그대로였다. 방송은 케냐의 나이로비에서 시작됐다. 하루에도 수십 명의 사람들이 에이즈 검사를 하기 위해 조심스레 보건소를 찾는 그곳. 그들의 검사를 위해 보건소에서 사용하는 키트는 한국의 SD제품이었다. 이 신기한 제품은 20여 분만에 감염 여부를 확인시켜줬다. 에이즈 유병률 7%인 케냐에서 SD의 HIV진단키트는 35%의 시장점유율을 기록하고 있다. 케냐뿐 아니라 탄자니아나 남아공 등 다수의 아프리카 나라에서 SD의 제품은 시장점유율 1위이다. 1999년 세워진 SD는 연구원 출신 사장의 열정과 직원들의 도전정신으로 에이즈 진단시약뿐 아니라 말라리아, 댕기열이나 B형간염의 진단시약을 개발해 아프리카, 인도, 브라질 등의 진단시약업계를 장악하고 있다. 최근에는 신속 혈당 검사의 영역까지 그

사업의 범위를 확장시키고 있다.

캐프(CAP)라는 회사는 우리가 자주 접하는 제품에서 세계 1위였는데, 개인적으로 그 회사 회장을 잘 알기 때문에 더욱 신선했다. 엄정하기로 유명한 미국의 소비자단체 '컨슈머 리포트'에 의해 캐프의 제품은 자동차 와이퍼(일체형 블레이드 부문)에서 1위에 올랐다. 14년간 오직 자동차 와이퍼에 집중한 이 회사의 사연 중 외환위기 시절 해외로 직접 영업을 하러 다니던 보따리 팀의 비밀은 감동적이었다. 無정년, 無성차별, 無징계, 無노조의 4無 경영방침과 아웃소싱이 없는 철저한 홀로서기 전략도 특별해 보였다.[14]

'히든 챔피언'은 KBS 교양국이 만들어낸 말이 아니다. 워낙 유명해서 이미 아는 사람들이 많겠지만 히든 챔피언은 독일의 경영학자로, '유럽의 피터 드러커'로 불리는 헤르만 지몬(Hermann Simon)이 쓴 책의 제목(Hidden Champion)이다. 1996년 1월 하버드 경영대학 출판부를 통해 영어로 출간돼 세계적으로 큰 파장을 일으켰다. 일반인들은 잘 모르는 중소기업의 중요성, 강소기업으로 가득한 독일 경제가 강한 이유 등이 크게 어필했다. 오히려 이 책의 한국어판이 무려 12년이나 지난 2008년 6월에 나왔다는 것에서 뒤늦은 감이 크다. 어쩌면 이 시간의 간극만큼이나 한국은 중소기업에 있어 독일 등 선진국에

---

14 캐프는 현재 사모펀드에 경영권을 빼앗겨 고통을 받고 있다.

뒤졌다고 할 수 있다.

어쨌든 KBS의 프로그램은 제목뿐 아니라 제작 취지도 원작과 같다. 실제로 KBS는 히든 챔피언이라는 별도의 프로그램을 만들기 전인 2009년 3월 〈KBS스페셜〉에서 '히든 챔피언' 편을 방영했다. 이 방송에서는 헤르만 지몬의 히든 챔피언에 대한 내용도 자세히 소개했다. 앞서 소개한 세 기업도 여기에서 소개됐다. 마지막 캐프의 경우는 지몬이 직접 뽑은 한국의 히든 챔피언 중 하나다.

히든 챔피언은 대중에게 잘 알려져 있지는 않지만 각 분야에서 세계시장을 지배하는 우량 강소기업(强小企業: 작지만 강한 기업)을 뜻한다. 전략·마케팅·가격결정 분야의 권위자인 헤르만 지몬은 히든 챔피언의 조건으로 첫째 대중에게 잘 알려져 있지 않고, 둘째 해당 분야에서 세계시장 점유율 1~3위 또는 소속 대륙 1위, 셋째 매출액 40억 달러 이하로 규정했다. 그런데 앞서 〈KBS 스페셜〉에서 인상적이었던 것이 하나 있다. '한국형 히든 챔피언'의 기준을 새롭게 제시한 것이었다. 지몬은 독일 및 세계시장을 기준으로 했는데, KBS에서는 이것을 한국 현실에 맞춰 세번째 조건을 '국내에 제조 공장이 있는 매출 1조 원(10억 달러) 미만의 수출주도형 강소기업'으로 수정했다. 나름 타당한 분석이라고 생각한다.

외국이든, 한국이든 히든 챔피언이라는 챔피언벨트를 찬 기업들을 보면 공통점이 많다. 기본적으로 세계시장 점유율(평균 33%)이 높고, 매출액이 큰 잘나가는 회사이니 평균 성장률이 8.8%에 달하고, 평균 60년 이상의 장수기업이 많다. 여기에 경영 측면에서도 장기적 전망,

기업의 집중력, 세계시장, 연구개발(R&D)을 중시한다는 특징을 보인다. 즉 단기적인 투자 가치보다 지속성에 무게를 두고, 여러 제품 시장에 관심을 두는 것이 아니라 협소하고 전문화된 제품 생산에만 집중하면서 독보적 기술을 갖추고 있다. 그리고 본사 직원이 수십 명에 불과해도 100개가 넘는 해외지사를 거느린 사례가 있을 정도로 세계시장을 타깃으로 하고, '중소기업은 기술'이라는 명제에 걸맞게 R&D에 기업의 목숨을 건다. 이밖에도 고객 의견을 반영하는 시스템, 훌륭한 인재, 독특한 기업문화 등의 특징도 있다.

이러한 특징들은 헤르만 지몬의 이야기에도 담겨 있다. 지몬은 "초점을 맞춘다는 건 시장을 좁게 정의한다는 뜻이다. 자신의 시장에 능력을 집중해야 한다. 그것만이 세계 정상급이 될 수 있는 유일한 방법이다."라고 말했다. 히든 챔피언들이 가지고 있는 기업의 집중력을 강조한 것이다. 또 그는 "비결은 혁신이다. 히든 챔피언들은 소수지만 초점을 맞추고 있으며, 문제에 치밀하게 파고드는 훌륭한 인재들로 구성되어 있다. 그것은 지속적인 향상으로 이어진다."고 분석했다. 이는 지금 이 책에서 강조하는 창조경제 및 창소기업과 일맥상통한다. 지몬은 끝으로 "히든 챔피언의 성공 비결은 야망이다. 야망은 시장 리더십과 성장을 수반해야 한다. 최근 수십 년간 히든 챔피언들은 경탄할 만한 수준으로 야망을 달성했다."고 제시했다. 무슨 일이든 뚜렷한 목표의식이 있어야 한다는 평범한 진리가 여기에도 숨어 있는 것이다.

이제부터 본론이다. 한국의 공영방송이 외국 학자의 책을 프로그램

타이틀로 내세워 특집 프로그램과 시리즈물을 만들었다면 역설적으로 한국은 이 분야가 뒤처져 있다는 의미일 것이다. 그렇다. 한국 경제는 기적의 경제발전, 경제규모 세계 13위, 무역대국(세계 7위) 등 현란한 수식어가 따라붙지만 히든 챔피언에 관한 한 아직 부끄러운 수준이다.

헤르만 지몬에 따르면 전 세계 2,000여 개 히든 챔피언 중 한국 기업은 25개 정도에 불과하다. 독일어권에 1,300여 개, 미국에 300여 개, 일본 100여 개 등과 비교하면 초라한 수치다. 그래서일까, 한국도 히든 챔피언 육성에 소매를 걷고 나섰다. 예컨대 한국수출입은행은 2019년까지 총 20조 원을 투입하여 수출 1억 달러 이상의 지속적 세계시장 지배력을 갖춘 한국형 히든 챔피언 300개사를 육성한다는 목적으로 2009년부터 '한국형 히든 챔피언 육성 사업'을 시작했다.

히든 챔피언 숫자에서 흥미로운 것이 하나 있다. 미국과 일본은 인구와 국토, 경제규모 등을 고려하면 납득이 가는데 독일어권은 언뜻 믿어지지 않을 정도로 히든 챔피언이 지나치게 많다. 독일의 중소기업은 도대체 어떤 것인가?

눈치 빠른 독자들은 알겠지만 앞서 세계 주요 국가의 중소기업 시스템을 살펴봤을 때 '중소기업의 나라' 독일은 정작 빠져 있었다. 그렇다. 필자가 생각하는 한국이 따라야 할 중소기업 시스템의 롤 모델은 독일인 것이다. 여기에 창소기업이라는 개념이 더해진다면 한국은 독일을 따라잡는 세계 최고의 중소기업 제국이 될 것이다.

대기업이 아쉬운 소리를 해가며 제품을 구입해가는 중소기업. 워낙 제품이 좋아 굳이 광고할 필요가 없는 기술력의 기업. 직원들의 복지가 대기업보다 더 좋아 서로 입사하려고 애를 쓰는 강소기업. 이런 히든 챔피언들이 즐비한 독일의 중소기업을 살펴보자.

미텔슈탄트의 나라

앞서 빌 게이츠와 워런 버핏이 주도한 미국 슈퍼부자들의 기부 운동을 소개한 바 있다. 이 둘은 2010년 6월 '기부 약속'이라는 단체까지 출범시켰다. 이 운동에는 마이클 블룸버그 뉴욕 시장, 래리 엘리슨(오라클 공동창업자), 데드 터너(CNN 창업자) 등이 동참하면서 많은 부자들이 자신의 재산 중 중 절반 이상을 기부하기로 이미 약속했다. 그리고 이들은 이 운동을 중국, 인도 등 전 세계로 확산시킬 계획이라고 발표했다.

그런데 독일의 부자들은 이러한 촉구에 회의적인 반응을 보이고 있다. 언뜻 이해가 되지 않는다. '철의 재상' 비스마르크가 역사상 최초로 사회보장제도를 실시했고, 북유럽의 몇 나라와 함께 세계에서 가장 복지가 좋은 나라가 독일이다. 기부 문화도 활성화돼 있다. 그렇다

면 최소한 '그래 너희들(미국), 늦었지만 잘하는 일이다.'라고 격려하
는 것이 당연한 이치일 것이다. 그런데 한마디로 '생뚱맞다'는 반응을
보였다.

2010년 8월 독일 시사주간지 〈슈피겔〉의 보도에 따르면 함부르크
의 갑부 페터 크래머는 "(미국의 기부 방식은) 많은 문제를 안고 있다. 독
일의 부자들은 다른 기부 방법을 찾을 것"이라고 말했다. 그의 설명은
이렇다.

"미국에서는 기부액의 대부분이 세금공제되기 때문에 부자들은 기
부를 할 것인지, 그냥 세금을 낼 것인지를 놓고 선택을 하게 된다. 부
자들이 막대한 돈을 세금으로 내지 않고 자선단체에 기부할 경우 그
돈을 어디에 쓸 것인지를 정부가 아닌 극소수 부자들이 결정하게 된
다. 이것은 문제가 있다. 누가 그 부자들에게 그 많은 돈을 어디에 쓸
것인지 결정할 권한을 줬는가?"

다른 독일 부자도 "미국식 기부 캠페인이 지나치게 화려하다."고
비판했다. 실제로 빌 게이츠는 독일의 거부들에게 운동 동참을 권유
했는데 별다른 성과를 거두지 못했다고 한다.

독일은 이렇다. 우리의 눈에는 미국의 기부 문화도 대단한 것으로
비치는데, 독일은 그 위에 있다. 미국의 기부 방식은 당연한 것을 요
란스럽게 하고, 또 그 진정성에도 의심이 간다는 지적이다. 이미 독일
은 부자들의 기부 문화가 보편화돼 있고, 엄청난 액수의 세금, 그리고
다양한 방식의 기부가 조용히 이뤄지고 있다. 그러니 이런 비판이 가
능한 것이다. 이런 것이 정말 무서운 대목이다.

독일 경제는 이러한 문화처럼 요란하지 않으면서도 강하다는 특징이 있다. 그리고 그 원동력은 바로 중소기업에서 나온다. 물론 독일에도 세계적인 대기업이 있다. 벤츠, BMW 등 자동차 메이커는 물론 지멘스 등 우리에게도 익숙한 기업들이 많다. 예컨대 2011년 인터브랜드(INTERBRAND, 브랜드 가치를 컨설팅해주는 전문기관)가 발표한 세계 100대 기업 브랜드 가치를 보면 1위 코카콜라를 앞세운 미국(49개)에 이어 독일이 10개로 2위에 올랐다. 이어 프랑스와 일본이 7개, 스위스와 영국이 5개, 이탈리아와 네덜란드가 3개씩을 기록했다. 한국은 삼성(17위)과 현대(61위) 2개를 진입시키며 스페인, 스웨덴, 캐나다 등과 함께 공동 9위에 올랐다. 국토 면적과 인구를 고려하고, 또 경제구조가 중소기업 중심이라는 사실까지 더하면 100대 브랜드(대기업을 의미)에서 독일이 2위라는 사실은 놀라운 것이다.

독일 경제의 저력을 보여주는 대표적인 데이터로는 수출이 있다. 우리나라가 수출로 먹고 산다고 하지만 순위는 7위다(2011년 기준). 그런데 독일은 중국, 미국과 함께 세계 3대 수출 강국이다. 더 놀라운 사실은 독일이 2003년부터 2008년까지 세계 수출 1위였다는 사실이다. 2009년 중국에 역전을 허용했지만 지금도 미국과는 격차가 무의미한 2·3위를 다투고 4위인 일본과는 격차가 아주 크다. 그리고 총액은 2위권이지만 질적 지표인 1인당 수출액과 무역수지 흑자는 압도적인 1위다.

2011년 주요 국가별 수출 1위 품목 수(2013년 1월 국제무역연구원 발표)를 봐도 독일 경제의 건실함을 알 수 있다. 독일은 777개로 중국

(1,431개)에 이어 2위에 올라 있다. 미국(589개)이 3위이고 한국은 61개로 15위에 처져 있다. 세계를 강타하고 있는 유로존 재정위기에도 독일은 탄탄한 제조업 기반을 바탕으로 위기를 잘 버텨내고 있다. 2012년 독일의 수출액은 1조 4,756억 달러로 사상 최대였다. 경상수지 흑자는 세계 1위이고, 일본의 2배에 달한다. 선진강대국 모임인 G7 가운데 1인당 GDP 성장률이 가장 높다. 또 이러니 독일의 말 한마디에 유럽 경제가 좌지우지될 정도인 것이다.

산업별로 보면 독일은 전통적으로 기계, 화학, 의학, 물리, 수학에서 세계 최고 수준을 자랑했다. 지금은 바이오의학, 환경, 자동차, 엔지니어 공학도 세계 최고 수준이고, 나노기술, 광학기술, 마이크로 시스템 기술, 신경과학, 생명공학, 공정공학 등에서도 세계 최첨단의 기술력을 갖추고 있다.

이러한 독일 경제의 핵심에는 '미텔슈탄트'로 불리는 중소 · 중견 기업이 있다. 유필화 성균관대 교수는 2008년 9월 한국능률협회가 개최한 '세계시장을 제패한 히든 챔피언 기업의 성공 비결과 시사점'이라는 강연에서 이렇게 말했다.

"독일은 GDP 규모에 비해 대기업이 적다. 수출의 대부분을 강소기업들, 세계시장을 주름잡고 있는 초일류 중소기업들이 거의 담당하고 있기 때문이다. 이러한 히든 챔피언들이 독일 경제의 가장 큰 버팀목이다. 국내 소비자는 물론이고 심지어 독일 사람들도 히든 챔피언 기업들을 잘 모른다. (중략) 전 세계 열대어 모이 시장의 80%를 점유하고 있는 테트라(Tetra), 외과수술용 내비게이터 브레인랩(Brainlab), 풍력

터빈을 만드는 에네르콘 등. 이들 히든 챔피언들은 불황을 별로 타지 않는다. 이들 회사는 지난 10년간 연 10% 이상씩 성장하고 있다.”

맞다. 독일의 중소·중견기업을 뜻하는 미텔슈탄트 중 상당수가 앞서 언급한 히든 챔피언이다. 2012년 헤르만 지몬이 《히든 챔피언》 개정판을 내면서 전 세계 2,734개의 히든 챔피언 중 1,307개가 독일의 미텔슈탄트라고 했는데, 일부 전문가들은 현재 1,500개가 넘는다고 추산하기도 한다.

2012년 스위스 IMD에서 발표한 나라별 중소기업 효율성을 보면 미텔슈탄트로 대변되는 독일 중소기업이 세계 최강이었다(8.4점). 한국은 4.52점으로 독일의 절반 수준으로 59개 중 51위에 그쳤다(참고로 한국 대기업은 7.4).

조금 더 미텔슈탄트를 살펴보자. 랑엔샤이트(Florian Langenscheidt) 박사는 2006년 4월 《독일 최고의 것들: 오늘날 우리 독일을 사랑하는 250가지 이유》라는 책을 펴냈다. 브란트사에서 생산하는 빵 ‘츠비박’, 독일 젊은이들이 즐겨 입는 정장 ‘보스 양복’, 시사지 〈슈테른〉, 오랜 가족기업체에서 만들어내는 도자기 ‘마이센’, 아스피린의 대명사 ‘바이엘’, 중소기업 제품인 ‘니베아 크림’(현재는 다국적 기업으로 성장), 맥주 ‘에어딩어’, ‘치보’ 커피, ‘리슬링’ 포도주 등이 이 책에 소개돼 있다. 참 분야도 다양하고, 기업 이름은 알 듯 모를 듯싶은 것이 많다. 중요한 것은 이 기업들이 미텔슈탄트이거나, 혹은 미텔슈탄트로 출발해 글로벌기업으로 성장했다는 점이다.

또 독일 기업의 미텔슈탄트는 가족기업이 많다는 특징이 있다. 한국에서는 가족기업 하면 재벌들의 불·편법 상속 등을 연상시키면서 이미지가 좋지 않은데 독일에서는 전혀 그렇지 않다. 심지어 국가 시책으로 가족기업이 장려될 정도다. 2009년 9월《독일 가족기업 사전》이라는 책이 나왔다. 독일산업체제가 중소기업과 가족기업으로 이루어져 있기에 이에 대한 상세한 자료를 담은 것이다. 책을 보면 독일에서는 가족기업으로 출발해 200년 이상 유지해온 대기업이 아주 자연스럽다. 이 책의 서두에 나오는 헨켈, 밀레, 브라운, 멜리타, 헤로이스, 프림 등은 모두 대기업인데 역사가 200년이 넘는다. 지금도 설립자의 증손자나 고손자가 운영권을 쥐고 있는 경우가 많다. 이들은 사세도 과시하지 않고, 요란한 기업 홍보도 없다. 하지만 이 사전에 오른 모범적인 100대 기업은 독일의 자랑으로 여겨진다. 국가기업, 즉 우리식으로 표현하면 '국민기업'으로 인정받고 있다.

독일의 가족기업은 일단 경영이 투명하고, 평생고용을 보장한다. 오너는 경영권을 가지고 있되, 경영은 전문기업인에게 맡긴다. 해외지사는 현지인을 과감하게 고용한다. 메르켈 독일 총리는 서문에서 "가족기업은 독일식 시장경제의 핵심으로, 능률적이며 기업가적인 모험정신과 실행력을 갖추고 있다. 이들은 중소기업부터 수천 명 이상의 근로자를 고용하고 있는 대기업까지 다양하다. 가족기업은 독일 국내총생산의 약 1/3을 담당하고 있으며, 고용의 절반 이상을 창출하고 있다. 우리 독일 정부는 가족기업과 중소기업에 대해 고용 유지 조건으로 상속세를 면제해주는 방안까지 고려하고 있다."고 밝혔다.

또 하나 미텔슈탄트의 특징은 연구개발(R&D), 즉 기술력을 기반으로 한다는 점이다. 〈한겨레신문〉의 곽정수 대기업 전문 기자는 한 포럼에서 "경제기자를 20년 했는데 대한민국의 중소기업이 잘못되는 많은 이유가 있겠지만 그중 대부분은 대기업 때문이라고 생각했다. (그런데) 독일 모델을 공부하면서 독일 중소기업의 인식은 처음부터 '국제화'에 두고 있다는 것을 알았다. 가격경쟁력으로는 살아남을 수 없다는 것을 잘 인식하고 있다. 그래서 기술력을 중시한다."고 말했다. 독일경제연구소(DIW) 조사에 따르면 막스플랑크연구소, 프라운호퍼연구소, 헬름홀츠연구협회, 라이프니츠연구협회 등 전 세계 1만 2,100개 기업이 독일에서 연구와 실험시설을 운영하고 있다. 여기에는 총 7만 2,300명의 외국 인력이 합류 중이다. 그만큼 독일이 기술력을 중시하고, 또 R&D 환경이 좋다는 의미다. EU에서 독일의 기술, 독일의 산업기반이 표준으로 자리잡고 있다.

미텔슈탄트의 위세를 보여주는 자료는 수도 없이 많다. 실업 문제 해결에도 미텔슈탄트는 큰 도움이 된다. 물론 독일에서도 취업 시장에서 중소기업보다 대기업이 선호된다. 하지만 그 정도가 한국처럼 병적이지는 않다. 독일 미텔슈탄트의 경우 지역사회에서 기업의 이미지 제고, 대학과 연계해 인턴십 프로그램 활성화, 비전 제시 등을 통해 우수한 인재를 어렵지 않게 영입하고 있다. 취업 희망생들도 당장은 임금이 조금 떨어져도 장래성이 뛰어난 미텔슈탄트를 마다하지 않는다. 그래서 실업률과 청년실업률이 유럽에서 가장 낮은 편이다. 독일의 고용률(15~65세 기준)은 2009년 70.3%에서 2010년 71.1%, 2011년 72.5%, 지난해 72.8%를 기록해 4년 연속 꾸준히 올랐다.

OECD(국제개발협력기구) 회원국 중 글로벌 금융위기 이후 고용률이 4년 연속 오른 나라는 독일이 유일하다. 전문가들은 독일 경제가 꾸준히 일자리를 늘려올 수 있던 배경에는 튼튼한 중소·중견기업이 있다고 강조한다. 이들 기업은 독일 전체 노동시장의 70%를 책임지고 있다. 고용을 창출하는 미텔슈탄트는 최근 젊은 기술자가 충분하지 않아서 나라 밖으로 나가 스페인 등 남부 유럽이나 아시아권의 인재까지 접촉하고 있다.

이밖에도 독일에는 전경련과 유사한 독일기업연합회라는 게 있는데 이 단체의 회장은 주로 미텔슈탄트의 사장이 맡는다. 보쉬(Bosch), 다임러(Daimler) 등 독일의 세계적인 기업의 대부분은 숙련 기능인이 창업한 미텔슈탄트로 시작해 대기업으로 성공했다. 독일인들 스스로도 "독일의 힘은 미텔슈탄트에서 나온다."라고 말한다. 심지어 미텔슈탄트는 중소기업을 뜻할 뿐 아니라 독일의 허리를 구성하는 중산층을 의미하기도 한다.

이러한 미텔슈탄트는 2009년 글로벌 위기 이후 독일이 세계 경제의 우등생으로 급부상하면서 더욱 주목을 받았다. 즉 미텔슈탄트의 강세는 현재진행형인 것이다. 통계를 보면 2010~2012년 독일은 GDP의 6.5%에 달하는 막대한 경상수지 흑자를 냈고, 같은 기간 실업률은 6.2%로 1990년 독일 통일 이후 최저 수준이었다. 성장도 이렇게 대단한데 분배도 훌륭했다. 지니계수로 본 소득분배의 형평성에서 독일은 미국은 물론 영국, 프랑스 등에 비해서도 월등히 양호했다. 어려운 시기 성장과 안정을 동시에 달성한 것이다.

사정이 이러하니 지금 전 세계가 독일의 미텔슈탄트 가치(Mittelstand value)를 배우려고 나섰다. 조지 오스본 영국 재무장관은 "성공한 미텔슈탄트 모델로부터 우리 모두 교훈을 배워야 한다."고 콕 집어 말했고, 미국, 프랑스, 중국 등도 수출 진작과 일자리 창출을 위해 제조업 부활을 추진하면서 독일 미텔슈탄트 배우기를 시도하고 있다. 프랑스는 '베를린(독일정부)이 독일 미텔슈탄트의 기적을 만들었다.' 고 판단해 프랑스판 미텔슈탄트인 ETI(종업원 250~5,000명, 매출액 15억 유로 미만 기업)를 선정했다. 사르코지 대통령은 ETI 육성을 위한 정부 지원 펀드부터 만들었고, 후임 올랑드는 아예 ETI용 은행을 새로 설립했다.

미국도 '중기업의 재발견' 이라는 말이 나올 정도로 미텔슈탄트 따라 하기 열풍이 뜨겁다. 〈이코노미스트〉 지에 따르면 미국에서 연매출 1,000만~10억 달러의 중기업은 약 19만 7,000개다. 고용 인원만 4,000만 명이 넘는다. 이중 82%가 글로벌 금융위기가 몰아닥친 암흑기에도 살아남았다. 소기업의 57%보다 훨씬 높은 생존율이다. 미국의 중기업은 독일의 미텔슈탄트인 것이다. 실제로 이 둘은 공통점도 많다. 지역집적, 30년이 넘는 기업 수명, 가족 소유 형태, 어려운 시기에도 장기투자, 높은 글로벌화 성향까지 닮았다. 미텔슈탄트가 독일 경제의 히든 챔피언이라면 미국에서는 중기업이 '소리 없는 영웅(unsung hero)' 으로 불린다.

남의 좋은 것을 따라 하기, 즉 패스트 팔로어로서는 일가견이 있는 한국도 미텔슈탄트를 그냥 내버려두지 않는다. 삼성경제연구소(SERI)

는 2013년 7월 '독일 미텔슈탄트의 성공이 주는 교훈'이라는 연구보고서를 냈다. 양극화 해소, 일자리 확대 등 성장과 분배를 동시에 해결해야 하는 한국도 한국형 미텔슈탄트가 많아져야 한다는 것이다. 중소기업의 강한 경쟁력이 제조업 성장과 고용 안정에 기여하고 있다는, 어쩌면 지극히 당연한 결론을 독일 사례를 통해 확인한 것이라고 할 수 있다.

한국과 독일은 제조업이 강하다는 공통점이 있다. 하지만 한국은 대기업 중심이기 때문에 중소기업이 강한 독일 경제구조의 건전성, 안정성, 효율성을 따라잡을 수 없다는 차이가 발생한다. 예컨대 한국의 중소기업은 현재 아주 위태롭다. 독일의 미텔슈탄트가 세계적인 모범이 되고 있을 때 한국 중소기업은 악전고투를 벌이고 있다. 한국 중소·중견 기업의 수출 비중은 2001년 42.9%에서 2011년 33%로 추락했다. 독일의 경우 중소기업과 대기업의 임금 차이는 10~15% 정도다. 그런데 한국은 중소기업 임금이 대기업의 60% 수준이다. 또 사회적 분위기도 독일은 중소기업이라고 해서 아래로 보지 않는다.

좀 더 범위를 좁혀 중견기업으로 보면 한국은 갈 길이 아주 멀다. 미텔슈탄트는 한국어로 중소·중견 기업으로 통칭되는데 현실적으로는 중견기업에 더 가깝다. 독일과 한국의 중소기업은 각각 350만 개 내외로 큰 차이가 없다. 하지만 독일은 368만 개 중 중견기업이 40만 개가 넘는데 한국은 315만 개 중소기업 중 중견기업이 1,300개에 불과하다. 일본도 170만 중소기업 중 6만 6,000개가 중견기업으로 우리보다 훨씬 낫다. 한국은 창업 기업이 중견기업으로 성장하기 어려운

나라라는 사실이 통계로 드러나는 것이다.

확실한 것은 현재 전 세계 국가들의 중소기업을 살펴봤을 때, 한국의 롤 모델은 독일의 미텔슈탄트가 정답이라는 사실이다. 하지만 그렇다고 해서 몇 개의 독일 정책을 한국에 그대로 적용한다고 해결되지는 않는다. 그 이유는 사회체제와의 조응이 안 되기 때문이다. 많은 나라가 독일 모델을 배우려고 하지만 잘 안 되는 이유도 여기에 있다. 경제주간지인 〈이코노미스트〉도 독일 중견기업의 성공 요인을 재조명하면서 "독일의 기업문화나 중견기업 정책은 얼마든지 옮겨와 베낄 수 있지만 실행 과정에서 노하우는 쉽게 옮겨올 수 없다."고 지적했다.

우리가 할 일은 어떤 정책을 단편적으로 따와서 적용하는 것이 아니라 장점이 많은 독일 모델의 핵심이 우리 사회와 어떻게 다른지, 그것이 작동하기 위한 조건을 어떻게 만들어야 하는지 장기적 안목에서 접근해야 실질적인 성과가 나올 것이다.

예컨대 이 책에서 주장하는 창소기업은 미텔슈탄트나 히든 챔피언과 아주 흡사하지만 동일하다고는 할 수 없다. 창소기업은 한국형 미텔슈탄트, 혹은 한국형 히든 챔피언의 개념인 것이다. 물론 기술력에 기반을 둔 독일의 중소기업들은 대체로 창의적이다. 매우 혁신적이며 기민하고 유연성이 있다. 새로운 사업, 새로운 제품에도 관심이 많다. 하지만 창소기업만큼 창의성에 기반을 두지는 않는다. 독일 기업들은 기존에 있던 제품의 품질을 높이거나, 생산성을 제고하고, 틈새시장을 파고드는 경우가 많다. 과거의 전기, 전화부터 시작해 최근의 PC,

인터넷, 스마트폰, 앱스토어 등 우리의 일상생활을 바꾸는 획기적인 창조경제의 결과물은 오히려 미국에서 나오고 있다. 창소기업의 핵심은 기존제품을 혁신한다거나, 기존 시장을 전제로 하는 것이 아니다. 아예 이제껏 없었던 제품에 도전하고, 새로운 시장을 만드는 것이 진정한 창소기업의 핵심개념이다. 미텔슈탄트나 히든 챔피언을 뛰어넘는 '한국형 중소기업 혁명'으로 창소기업이 필요한 것이다. 앞으로 '한국에는 창소기업이 있다.'고 세계시장에 말할 수 있어야 한다.

한국의 중소기업 DNA

퀴즈 하나

중소기업을 한 명의 사람이라고 가정하면 그에게는 주민번호가 하나 있다. 그것이 무엇일까? 힌트는 한국의 중소기업을 상징하는 숫자들이다. 정답을 보면 제법 설득력이 있다.

정답: 9988601233

'중소기업 씨'의 주민번호는 9988601233이다. 난센스 퀴즈인 만큼 앞자리(생년월일)는 없고, 딱 10개의 숫자로 구성돼 있다. 9988은 앞서 설명했다. 2010년 기준으로 한국의 전체 기업 수 총 312만 5,457개 중 99%인 312만 2,332개가 중소기업이다(99). 그리고 전체 기업체 근로자 1,413만 5,234명 중 1,226만 2,535명인 88%가 중소기업 소속이다(88).

1994년 전체 종사자의 75%였던 중소기업 비중은 2000년 80%, 2007년 88%를 돌파했다. 중소기업은 지난 10년간 350만 명의 일자리를 창출하면서 한국 경제의 버팀목 역할을 톡톡히 해냈다. 그리고 2012년 행정안전부 자료를 기준으로 대한민국 전체 국민 5,093만 850명 중, 평균 가족구성원(3명)을 감안하면 이중 60%인 3,090만 명이 중소기업 가족으로 구성돼 있다(60). 마지막 1233은 대한민국 헌법에 나오는 중소기업 관련 조항이다. 제123조 제3항에 '국가는 중소기업을 보호 육성해야 한다.'고 적혀 있다. 현행 헌법만이 아니다. '중소기업'이라는 명칭은 1962년 헌법에 처음 등장한 뒤 1980년 헌법 124조 2항에 '국가는 중소기업의 사업 활동을 보호 육성하여야 한다.'고 명기됐다. 이후 1987년 123조 3항에 '국가는 중소기업을 보호, 육성하여야 한다.'고 못 박았다. 중소기업의 중요성을 헌법이 적시하고 있는 것이다.

중소기업의 주민번호? 참 잘 만들었다 싶어 누가 고안했나 찾아봤다. 정확한 창작자는 모르겠고, 확실한 것은 중소기업중앙회가 2010년부터 '행복한 중기씨'라는 블로그를 운영해왔는데 여기에 중소기업 씨의 주민번호가 집중적으로 소개돼 있었다.

앞서 우리의 중소기업 현실이 얼마나 팍팍한지 살펴봤고, 또 본받아야 할 선진국의 중소기업 모습을 찾아봤다. 그런데 중요한 것이 하나 남아 있다. 스타트 업, 건강한 가족기업, 히든 챔피언, 미텔슈탄트 등 아무리 좋은 외국의 시스템이라고 해도 한국의 특수성에 맞춰 도입하지 않으면 실패 확률이 높다는 것이다. 그래서 한국 중소

기업의 역사, 창조경제 및 중소기업 관련 한국인의 DNA를 살펴보
고자 한다.

결론부터 말하자면 '한국은 높은 정신문화를 추구하는 유교 전통
과 굴절 많은 현대사로 인해 중소기업 시스템이 꽃은커녕 싹도 피우
지 못했다. 하지만 그 잠재력은 세계 최고'라고 요약할 수 있다.

한국은 독일(마이스터 제도)[15]이나 일본의 장인정신(모노즈쿠리), 그리
고 영국과 미국의 프래그머티즘(실용주의)이 없다. 또 기업문화가 창달
한 선진국에서 흔한 백년기업도 찾기가 어렵다. 이는 한국인이 창의
력이 떨어지고, 손재주나 장인정신이 결여됐기 때문이 결코 아니다.
오히려 정반대다. 차차 설명하겠지만 한국인의 창의력은 놀라울 정
도이고, 손재주는 이미 각 분야에서 따라올 민족이 없다는 것이 입증
됐다.

한국이 '척박한 중소기업의 나라'를 벗어나지 못하는 데에는 크게
두 가지 이유가 있다. 먼저 뿌리 깊은 사농공상 신분제도를 들 수 있
다. 글을 다루는 선비는 숭상됐지만 물건을 만들거나(공), 장사를 하는

---

15 Meister. 원래는 라틴어로 '가르치다'는 뜻. 장인, 기술명인 등으로 번역되는 이 단어는
독일에서 마이스터 자격제도로 운영되고 있다. 특정 직업에서 그 분야 전문 이론을 공부
하고, 실기를 마치고, 전문기관에서 행하는 정규 시험과정을 통과한 사람에게 부여되는
명칭이다. 2차대전 후 연합군은 독일 수공업 사업자는 마이스터 자격증을 가진 자에게만
사업 허가를 내줬다. 총 94개 직군이었고 이들은 서독이 '라인 강의 기적'을 일으키는
데 핵심 역할을 했다. 2004년 협상을 통해 직업 종류가 41개로 줄었다. 마이스터 밑에
몇 명의 직원과 실습생들로 사업을 운영하는 마이스터는 독일에 90만 개 정도가 있으며
500만 명의 노동자가 일하고 있다. 독일에서 직업학교에 다니는 학생 중 31%가 마이스
터 공장에서 실습을 한다. 세계인들이 부러워하고, 또 흉내 내고 있지만 독일의 이 제도
를 따라잡지는 못하고 있다. 한국의 마이스터고도 여기서 비롯된 것이다.

(상) 직업은 천시됐다. 글과 높은 경지의 정신문화가 첫 번째이고, 그 다음도 농업과 관련된 농사기술이 고작이었다. 세종대왕이 노비 장영실을 발탁해 측우기 등 세계적인 발명품을 만들어내게 한 것 등은 오히려 아주 드문 일이었다. 물론 우리의 조선시대에 해당하는 서구도 중세시대에는 큰 기술적 발전이 없었다. 문제는 근대화의 시기에 서구나 일본처럼 적극적으로 대처하지 않았다는 점이다.

둘째, 분단과 6·25전쟁이 그나마 개화기 및 일제강점기에 싹을 피운 한국 중소기업의 맥을 끊고 말았다. 격동의 세기와 전쟁 시기에는 정상적인 기업 활동이 힘들었다. 그리고 우리나라의 중소기업 등 기술자들은 지역적으로 원래 서북지역에 뿌리를 두었다. 중국이 사실상 유일한 교역상대국이었던 까닭에 평안남북도에 공업과 상업이 집중적으로 발달했던 것이다. 식민지 수탈기에도 일제는 남쪽은 농업, 북쪽은 대륙 진출을 위한 공업을 키웠다. 반도의 남쪽을 차지한 대한민국으로서는 분단으로 인해 이것마저도 혜택을 누릴 수 없게 됐고, 북쪽은 세계에서 가장 전근대적인 공산주의로 인해 기업 자체가 사라졌으니 한국 중소기업의 흐름은 역사적으로 단절됐다고 말할 수 있는 것이다. 이후 1960년대부터 정부 주도의 경제개발 계획이 추진됐고, 이 과정에서 철저하게 수출과 대기업 육성 정책이 펼쳐졌으니 한국 중소기업은 제대로 성장할 기회 한 번 잡지 못했던 것이다.

이렇게 한국 중소기업은 태생적으로 열악했고, 불우한 환경으로 인해 척박함을 벗어나지 못했다. 어쩌면 21세기 들어 신자유주의가 몰락하고, 경제민주화와 창조경제 등이 부각되면서 이제 진정한 발전의 시작점에 있다고 해도 과언이 아닌 것이다. 자본주의 4.0[16] 시대에 바야흐로 한국 중소기업은 역사상 처음으로, 그리고 미래의 주역으로 주목받고 있는 것이다. 그리고 한국인의 중소기업 DNA는 기대 이상으로 강력하다.

대표적인 사례가 '현존하는 세계에서 가장 오래된 기업' 곤고구미(金剛組, 금강조)다. 2004년 12월 영국 〈이코노미스트〉 지에 따르면 일본의 곤고구미는 서기 578년에 창업돼, 1432년이나 된 세계 최고(最古)의 기업이다. 오사카의 고찰 시텐노오지 입구에 위치한 이 회사는 사찰과 신사, 불각, 전통가옥 건축의 설계 및 시공, 성곽 및 문화재 건축물의 복원과 수리 등을 주업으로 하고, 지금도 왕성하게 영업 중이다.

그런데 이 회사는 한국인이 세웠고 39대에 걸쳐 지금까지 그 맥을 이어오고 있다. 경제전문가 김낙훈의 《한중일 중소기업 열전》에 따르면 일본의 쇼토쿠 태자는 백제의 건축기술이 앞서 있음을 알고 백제 조정에 사찰을 건축하는 데 필요한 기술자를 파견해달라고 요청했다. 이때 일본으로 건너온 3명의 백제인 중 한 명이 바로 유중광이다. 사찰 건립을 마치고 귀국하려 하자 쇼토쿠 태자가 유중광을 붙잡으며 일본

---

16 자본주의의 발전 단계를 소프트웨어 버전처럼 진화 단계에 따라 숫자를 붙여 표기할 때 네 번째에 해당하는 자본주의. 아담 스미스와 '보이지 않는 손'으로 유명한 자유방임의 고전자본주의(1.0), 1930년대 정부의 역할을 강조한 수정자본주의(2.0), 1970년대 말 시장의 자율을 강조한 신자유주의(3.0)에 이어 등장했다. 자본주의 4.0 시대에는 빈곤층 심화 문제를 해결하기 위해 정부가 적극적으로 개입해야 한다. 이 용어를 처음 쓰기 시작한 사람은 러시아 출신으로 영국에서 활동 중인 저널리스트 아나톨 칼레츠키다. 2009년 9월 조셉 스티클리츠, 조지 소로스 등과 '새로운 경제적 사고를 위한 연구소'라는 모임을 시작하였으며 이를 바탕으로 2010년 《자본주의 4.0》을 발간했다.

에는 이 절을 유지 보수할 사람이 없으니 제발 남아서 절의 유지 보수까지 맡아달라고 요청했다. 여러 가지 혜택과 함께 곤고(金剛, 금강)라는 성을 내렸다. 이렇게 곤고구미가 시작된 것이다. 2005년까지만 해도 이 회사는 유중광의 후손이 맡아 운영했다. 그러다 회사가 어려워지면서 2006년 1월 15일, 오사카를 기반으로 한 중견 건설업체인 다카마쓰(高松, 고송)건설이 인수했다. 곤고구미의 사장은 다카마쓰건설의 오가와 간지 대표이사 부사장이 겸하고 있다. 하지만 이 회사의 최고기술 책임자는 여전히 유중광의 39대손인 곤고 도시다카가 맡고 있다.

이 사례는 일본처럼 장인정신을 높이 평가하는 풍토만 있다면 한국인의 기업가정신은 얼마든지 꽃을 피울 수 있다는 점을 보여준다. 실제로 한국은 세계에 자랑할 만한 발명품이 많다. 동양에서 가장 오래된 천문대인 첨성대, 세계 최고의 금속활자, 세계 최초의 돌격용 철갑전선(鐵甲戰船)인 거북선, 세계 최초의 측우기 등 한국인의 창의성을 보여주는 사례가 많다.

특히 한글의 위대함은 책 한 권으로도 모자라게 느껴질 정도다. 세월이 흐를수록 세계에서 가장 뛰어난 문자인 한글의 우수성은 그 빛을 발한다. 이는 절대로 괜한 자부심이 아니다. 한글은 IT 시대를 살고 있는 근래에 최고의 문자로 칭송받고 있다. 몇 년 전 〈문화일보〉의 오창규 산업부장은 "한글이 없었다면 오늘날 대한민국의 경제 신화도 없다. 특히 세계 최고의 정보기술(IT) 혁명은 상상도 할 수 없다. 중국과 일본은 문자 입력을 하려면 영어로 친 뒤 한자로 전환시켜야 한다. (중략) 한글 신화는 이제 시작이다."라고 말했다. 여기에 전적으로 동의한다.

한글의 위대함은 자화자찬이 아니다. 한국이 아직 세계 최빈국 중 하나이고, 국제사회에서 그 존재감이 없을 때인 1960년 하버드 대학의 E. O. 라이샤워 교수는 "한글은 아마도 오늘날 사용되고 있는 모든 문자 중에서 가장 과학적인 체계일 것(Hangul is perhaps the most scientific system of writing in general use in any country)"이라고 했다. 또 4년 뒤인 1964년 네덜란드 라이덴 대학의 F. 포스 교수는 논문을 통해 "한국인들은 세계에서 가장 좋은 알파벳을 발명하였다(They invented the world's best alphabet)."고 했다. 이후 세계 언어학자들의 연구가 계속되면서 라이샤워 교수의 평가 중에서 '아마도(perhaps)' 마저 없어졌고, 대신 감탄부호가 추가됐다.

특히 1966년 미국언어학회지에 시카고 대학의 J. D. 맥컬리 교수가 포스의 말에 전적인 동의를 표하면서 한글은 세계 최고의 문자로 공인받기 시작했다. 맥컬리는 해마다 빠짐없이 한글날을 기념하고 스스로 명절로 지키는 학자로 유명했다. 그는 "한글날은 한국인뿐만 아니라 세계인 모두가 축하해야 할 날"이라고 칭송했다.

한글은 세종대왕이 어리석은 한국의 백성들을 위해 만들었지만, 인류가 만든 가장 훌륭한 문자가 된 것이다.[17]

---

17 "한글은 모든 언어가 꿈꾸는 최고의 알파벳이다." – 미국의 언어학자 로버트 램지 교수
"세종대왕은 서양보다 500년이나 먼저 음운이론을 완성했다. 한글은 전통 철학과 과학이론이 결합한 세계 최고의 문자다" – 독일 함부르크 대학의 시세 교수.
"한글은 전 세계에서 가장 단순한 글자이며, 가장 훌륭한 글자이다. 세종은 천부적 재능의 깊이와 다양성에서 한국의 레오나르도 다 빈치다" – 노벨문학상 수상자 펄 벅

세계적인 과학잡지 〈디스커버〉는 1994년 7월호에 문자에 대한 특집 기사를 실었는데 한글을 '세계에서 가장 합리적인 글'이라는 최상급의 표현으로 극찬했다. 훈민정음은 1997년 유네스코 세계기록유산으로 등재됐고, 앞서 유네스코는 1990년부터 세종대왕 탄신일인 5월 5일을 세계문맹퇴치일로 정해 '세종대왕상(King Sejong Literacy Prize)'을 제정해 문맹 퇴치에 공이 큰 인물이나 단체에 이 상을 수상하고 있다.

미국인 학자로 한글을 연구하고 있는 레드야드 교수의 표현은 거의 극단적이기까지 하다. "(한글은) 그 무엇과도 비교할 수 없는 문자학적 사치다! 세계 문자 사상 가장 진보된 글자, 그것이 바로 한글이다."

정말이지 한글은 끝이 없을 정도로 할 얘기가 많은 한국 최고의 문화유산이다.

다시 한국인의 기업가정신, 중소기업 전통, 창의성으로 돌아가자. 애써 역사 속의 유산만 찾을 일이 아니다. 근래에도 우리가 알기 쉬운 것으로 MP3, 고품질 통화 서비스 'VoLTE', 그리고 심지어 우유팩과 커피믹스 등이 한국에서 처음으로 만들어졌다. MP3는 1997년 국내에서 처음 개발했지만 그 기술이 미국 특허기업에 팔린 까닭에 현재는 라이선스료를 지불하고 있는 아쉬운 발명품이다. 또 세계 최초 고품질 통화 서비스 VoLTE 역시 IT강국 코리아의 발명품이다. 동서식품에서 처음 개발한 커피믹스와 위쪽 입구를 펼치는 형식의 종이 우유팩 역시 한국이 처음 고안했다.

심지어 혁신의 상징인 '스마트폰'도 한국에서 비롯됐다고 한다. 2011년 3월, 당시 애플의 2인자이고 얼마 후 스티브 잡스에 이어 애플의 CEO를 맡게 되는 팀 쿡은 한국의 박영선 국회의원에게 "이것(애플의 아이폰) 별거 아니다. 한국에서 개발한 기술 중에 사장되거나 상용화되지 않은 것을 가져와서 조합한 부분이 많이 있다."고 설명했다. 예의상 한국의 IT기술을 추켜세우는 것이라고 해도 충격적인 고백이 아닐 수 없다.

두뇌 스포츠의 최고봉이라는 바둑에서도 인구 5,000만의 한국이 10억이 넘는 중국을 오랫동안 압도해왔다. 바둑 속담에 "바둑은 중국에서 생겨, 일본에서 흥행하지만, 최고의 기사는 한국에서 나온다."는 말이 있을 정도다.

한국사람이 손재주가 좋고 명석하다는 것은 주지의 사실이다. 한국에서 중간 정도의 성적을 올리는 초·중학생은 미국에 가면 수석을 다툰다. 황우석 박사 신드롬 때 새삼 '젓가락 문화'가 화제가 된 바 있다. 같은 젓가락 문화라도 한국사람은 나무가 아닌 쇠젓가락으로 콩 하나를 정확히 집어들 정도로 손 감각이 빼어나다. 젓가락뿐 아니라 한국은 전통적으로 공기놀이, 구슬치기, 자치기 등 손으로 하는 놀이가 크게 발달해 있다(이런 문화가 사라지고 있는 것이 안타까울 정도다). 지금도 외국대학에 재학 중인 이공계 한국 학생들은 섬세한 실험 작업을 도맡아 하는 경우가 많다고 한다. 그리고 자수, 의류 등 섬세한 수작업이 필요한 분야에서는 예나 지금이나 한국의 경쟁력은 세계 최고 수준이다.

빠른 두뇌회전과 세계 최고라는 손재주. 이것은 좋은 물건을 만드는 데 있어 최고의 자질이라고 할 수 있다. 한국이 '패스트 팔로어'로 세계가 놀라는 경이적인 발전을 이룩할 수 있었던 것도 이것 덕분이다.

2011년 12월 5일 3시 30분 한국은 통관 집계 기준으로 수출 5,150억 달러, 수입 4,850억 달러로 연간 무역 1조 달러를 돌파했다. 앞서 2010년 전 세계 수출 순위에서 당당 7위를 기록한 한국은 이로써 이 수치를 달성한 9번째 나라가 됐다(미국, 독일, 일본, 중국, 프랑스, 영국, 네덜란드, 이탈리아). 그리고 식민지를 경험한 나라로서는 유일하다. 1조 달러는 광복 직후인 1946년 6,400만 달러에서 65년 만에 무려 1만 7,000배가 상승한 것이다. 인구 5,000만 명이 넘고, 일인당 소득이 2만 달러가 넘는 나라 중 경제가 활기찬 나라는 지구상에 한국을 포함해 7개 국가밖에 없다.

우수한 두뇌와 손재주 외에 한국은 도전정신과 근면함도 갖췄다. 과거에는 먹고살기 위해, 지금은 보다 나은 삶을 위해, 심지어 자녀들을 위해 한국인들은 도전했다. 일제강점기 때 만주나 중앙아시아까지 흘러들어가 그쪽 사람들은 상상도 못하는 벼농사에 성공했다. 2013년이 광부·간호사의 파독 50주년이었는데 그들의 근면성실함은 독일에서도 유명했다.

이와 관련해 고 정주영 현대회장의 거북선 일화는 이제 전설이 돼버렸다. 1970년 정주영 회장은 울산 미포만에 세계 최대 조선소를 짓겠다는 거창한 계획을 세웠다. 돈도 기술도 경험도 없었다. 앞서 일본으로부터 거절을 당한 정 회장은 미포만 모래사장 사진 한 장과 외국

고 정주영 회장이 미 포조선소 건설을 위해 영국에서 돈을 빌릴 때 사용한 오백 원짜 리 지폐

조선소에서 빌린 유조선 설계도 한 장을 들고 유럽을 돌아 영국에서 차관을 얻고, 그리스에서 유조선 두 척을 수주했다. 영국에서 차관을 얻을 때 버클레이스 은행은 정 회장의 계획이 아무래도 허황되다고 보았다. 이에 정 회장은 주머니 속에 넣어간 거북선이 인쇄된 500원짜리 지폐[18]를 은행 측에 보이며 '우리는 영국보다 300년 앞선 1500년대에 철갑선을 만들었다.' 며 기지를 발휘했다. 영화 속 장면을 연상시키는 개척자 정신이다.

'정주영 500원 신화' 이후 한국 조선은 어떻게 됐을까? 정말이지 세계 최고의 조선 강국이 됐다. 정주영 이후 38년이 지난 2008년 기준[19]으로 한국의 조선 산업은 수주량과 건조량 등 모든 부문에서 세계 1위를 기록했다. 그것도 압도적인 1위. 세계 10대 조선 회사의 목록을 보면 단 2개만이 중국 회사일 뿐, 나머지 8개 회사는 모두 한국 기업이었다. 건조량에서 1위를 차지하고 있는 정주영의 현대중공업은 세계 선

---

18 갈매기가 그려진 500원짜리 동전이 처음 나온 것은 1982년이다.
19 조선 해운 조사 기관인 '클락슨'의 발표. 그리고 2013년 현재도 중국의 추격이 좀 거세졌을 뿐 상황은 비슷하다.

박 건조량의 15%를 차지했고, 선박의 심장이라고 할 수 있는 핵심적인 부품인 엔진 부문에 있어서는 30%의 점유율을 자랑했다. 그 뒤를 쫓는 삼성중공업의 경우에는 건조량에서는 조금 뒤처지지만 유조선이나 해양 플랜트처럼 높은 기술력을 필요로 하는 선박에서 두각을 보였다. 세계 최초의 쇄빙 유조선, 극지 드릴쉽 등이 삼성중공업 고유의 조선 기술로 이루어낸 성과였다. 이외에도 STX조선의 경우에는 육상 건조, 그리고 대우조선해양은 LNG선 등 한국의 조선 기업들은 모두 각자의 색깔과 장점을 가지고 세계시장을 이끌고 있다. 기술적으로는 '플로팅 도크'[20] 등 한국의 조선 기술은 타의 추종을 불허한다. 당연히 지금 한국의 조선소들은 세계 어디서도 만들 수 없는 선박을 만들고 있다. 오래전 선조들이 그 당시 누구도 만들 수 없었던 '거북선'을 만들었던 것처럼 말이다. 정주영 회장의 장담이 현실이 된 것이다.

결론적으로 한국인의 중소기업 DNA에는 세계 어디에 내놓아도 뒤지지 않을 만큼 훌륭하다. 아니, 세계 최고라고 자부해도 좋다. 그동안 여건이 충족되지 않아서 그 저력이 제대로 발휘되지 않았던 것이다. 패스트 팔로어로만 제한적으로 쓰였을 때도 세계가 놀란 한국의 기업가정신은 향후 창소기업의 가치를 중심으로 집중 육성된다면 독일의 미텔슈탄트를 능가하는 또 한 번의 기적을 창출할 것이다.

---

20 floating dock. 부양식 도크라고 함. 배의 건조 장소 부족을 해소하기 위해 지어진 것으로 굉장히 넓고 평평한 박스 형태의 배다. 조선소의 생산성을 크게 높인다.

아스팔트 위에 핀 꽃

중소기업 환경이 척박한 한국에도 자랑스러운 중소기업이 다수 존재한다. 대부분 일반인들이 이런 기업의 이름을 모르는 경우 많아 히든 챔피언이라 할 수도 있다. 창소기업이라고 할 수는 없지만 나름 해당 분야에서 '기적'을 이룬 한국의 중소기업들을 몇몇 소개한다.

당신의 명품 옷은
한국 중소기업이 만들었을 가능성이 높다
／한세실업／

저가제품은 중국산이 많지만 세계의 중산층이 입는 고가의 옷 대부분은 한국 섬유공장과 봉제공장을 거치는 한국제품이다. 이런 사실이 잘 알려지지 않은 이유는 OEM[21], ODM[22] 때문이다.

갭(GAP), 아메리칸이글(American Eagle), 애버크롬비앤드피치(Abercrombie & Fitch), 랄프로렌, 자라, 나이키 등 한국 젊은이들의 좋아하는 유명 브랜드 의류는 한세실업이라는 한국 중소기업이 만든다. 얼마나 많은 제품을 만드는지 한세실업 직원들은 '미국인 3명 중 한 사람은 우리의 제품을 입고 있다.'는 자긍심을 가지고 있다. 실제로 미국 매출이 높은 국내 소비재 기업 순위에서 94.8%로 1위다.

한세실업은 1982년에 설립했고 2000년에 상장했다. 앞서 언급한 세계적인 의류업체는 물론 미국 대형 할인점인 월마트와 타깃에도 납품한다. 이들이 옷을 만들어달라고 주문하면 한세실업은 디자인 등 제품 개발을 통해 해외 공장에 생산을 의뢰하고, 해외 공장에서 만들어진 제품은 미국 바이어에게 전달된다. 해외 공장은 베트남과 인도네시아, 과테말라, 니카라과 등에 위치하고 있다. 2009년에는 금융위기로 미국 경제가 굉장히 안 좋았을 때 오히려 매출을 크게 늘어 업계에서 화제를 일으킨 바 있다. 미국 바이어들이 비용 절감을 위해 가격 경쟁력을 높일 수 있는 검증된 업체에 물량을 몰아줬던 것이다. 한세실업은 단순 OEM 업체가 아니라 자체 디자인과 검사 인력 등 R&D센터를 갖추고 있어서 바이어들 마음에 들 수밖에 없다.

한세실업은 2012년 창업 30주년을 맞아 처음으로 매출 1조 원을 돌

----

21 주문자 상표 부착 표시 생산(OEM · Original Equipment Manufacturing) 방식. 단순한 수탁 개념으로 제품을 생산해 납품한다.
22 제조업자 개발 생산(Original Development Manufacturing) 방식. 설계 · 개발 능력을 갖춘 제조업체가 유통망을 확보한 판매업체에 상품이나 재화를 공급하기 때문에 단순 하도급 형태인 OEM 방식과는 다르다.

파, '옷으로만 1조 원'이라는 신화를 달성했다. 의류업체로 출발해서 국내 최대 온라인서점 예스24를 인수한 김동녕 한세실업·예스24 회장은 경기고와 서울대 경제학과를 졸업한 후 외국계 은행에서 석 달 남짓 근무한 후 미국으로 건너가 명문 와튼스쿨 MBA 코스를 마쳤다. 패기만만했던 그는 28세에 의류 수출업체 한세통상을 창업했으나 7년 뒤인 1979년 2차 오일쇼크로 부도를 맞았다. 하지만 실패를 해야 큰 성공을 할 수 있다는 말처럼 그때의 실패는 이후 신화적인 성공의 밑거름이 됐다.

참고로 한세실업뿐 아니라 영원무역[23]도 의류OEM만으로 2012년 매출 1조 원을 넘었다. 또 신성통산 세아상역 등도 자체 패션 브랜드 매출을 합쳐 일찌감치 1조 클럽에 가입했다. 국내 패션업체 1위 제일모직 패션부문의 매출이 1조 6,000억 원임을 감안하면 한국의 의류 OEM업체들의 규모는 경이적인 것이다. 이들은 1970, 80년대 임금 경쟁력을 앞세워 창업했고, 이후 1990년대 들어 해외 생산을 통해 본격적으로 규모를 키웠고 지금은 디자인과 기술 경쟁력으로 변함없이 세계시장을 누비고 있는 것이다.

류현진도, 커쇼도 이 모자를 쓴다
／다다C&C／

2013년 여름 미국 메이저리그 야구(MLB) 인기가 드높았다. 한국 프로

---

23 세계시장에서 판매되는 '노스페이스' 의류의 40%를 만든다. '중·고생 방한복'으로 인기가 높은 노스페이스는 국내에서 고가 논쟁을 일으키기도 했다.

야구에서 메이저리그로 직행한 '괴물' 류현진이 LA다저스에서 맹활약하며 국민들에게 제대로 된 청량제 노릇을 했기 때문이다. 그런데 메이저리그에서 선수들이 쓰는 모자는 모두 한국의 한 중소기업이 만든 것이다. 아니, 메이저리그뿐 아니라 슈퍼볼 최우수선수로 선정됐던 하인즈 워드, '농구 황제' 마이클 조던 등 세계적인 스포츠 스타들이 우승의 순간 썼던 모자도 같은 한국 회사가 만들었다.

바로 다다C&C다. 낯선 이름이지만 연간 5,000만 개 이상의 모자를 생산하는 스포츠모자 세계 1위의 기업이다. 미국 4대 프로스포츠인 MLB, 미국프로농구(NBA), 북미프로미식축구리그(NFL), 북미아이스하키리그(NHL)에 소속된 모든 팀에 모자를 공급한다. 1998년 세계 스포츠모자업계 정상에 올라선 뒤 지금까지 같은 자리를 지키고 있다. 세계시장 점유율은 40%선. 나이키와 아디다스, 리복, 휠라 등 세계적인 스포츠용품 업체에 제조업자가 디자인을 제안하는 제조자개발생산(ODM) 방식으로 납품하고, 매년 1억 달러 이상 수출한다.

다다C&C는 1974년에 설립된 대도통상이 모태다. 건축자재 무역업을 하던 박부일 회장이 미국에 출장 갔다가 스포츠모자를 쓰는 사람이 많은 것을 보고 '돈이 되겠다'는 생각에 재봉틀 5대로 시작했다. 1990년대 초반까지 이름 없는 중소기업에 불과했던 이 회사가 세계적인 기업으로 성장한 원동력은 시장의 변화에 잘 대처했기 때문이다. 다다는 팀 로고 등을 프린트로 모자에 찍던 시절 가장 먼저 자수를 이용해 모자의 고급화를 선도했다. 지금도 디자인에 관한 한 이 회사가 최고다. 서울 본사의 전체 직원 중 4명 중 한 명이 디자인 인력이다.

또 기술력도 빼어나다. 국내외에서 출원했거나 출원 중인 특허권이 260여 개에 이를 정도로 다른 회사가 만들지 못하는 모자를 만들어낸다. 별도의 조절 장치 없이 머리 크기에 따라 자동으로 사이즈가 조절되는 모자, 챙과 머리 부분을 이음매 없이 연결한 모자 등이 이 회사가 개발한 대표적인 제품이다.

전 세계 명품 가방의
10%는 이 회사가 만든다
/ 시몬느 /

핸드백 박물관이라는 게 서울에 있다. 2012년 여름 개관할 때 〈뉴욕 타임스〉와 〈파이낸셜 타임스〉가 '서울에서 꼭 들러야 할 곳'으로 보도할 만큼 획기적인 공간이다. 르네상스 시대의 실크 백에서 19세기 초 영국의 나무 백, 1억 원짜리 에르메스 버킨 백 빈티지까지 핸드백의 역사와 미래를 한 곳에 담았다. 이런 박물관은 세계 어디에도 없다. 바로 핸드백 제조업체 시몬느가 도산공원에 세운 핸드백 박물관 '백스테이지'다.

지방시, 코치, DKNY, 셀린느, 마이클코어스…. 솔직히 나는 잘 모르겠는데 여자들은 참 명품 가방을 좋아한다. 학자로 전혀 그럴 것 같지 않아 보이는 내 아내도 어쩌다 좋은 가방을 보면 눈빛이 또렷해진다.

그런데 명품 가방 역시 숨은 제조사가 바로 백스테이지를 만든 시몬느다. 이 회사는 세계 유명 브랜드의 핸드백을 만들어주는 제조자 개발 생산(ODM) 업체다. 우연치 않게 패션업계에 취직했고, 핸드백의 매력에 푹 빠진 박은관 시몬느 회장이 1987년에 창업한 회사다. 20여 개의 세계적인 고급 브랜드는 핸드백을 시몬느를 통해 생산한다. 글로벌 패션 디자이너들이 가방으로 사업을 확장하고 싶을 때 제일 먼저 찾는 회사가 됐을 정도다. 시몬느는 소재 선택에서 디자인, 제조까지 모든 것을 한 번에 도와줄 수 있는 몇 안 되는 업체이기 때문이다. 시몬느의 지난해 가방 수출액은 5억 3,000만 달러(약 5,800억 원)에 이른다.

시몬느는 현재의 성공에 만족하지 않는다. 2015년 9월 14일 '0914'라는 독자 브랜드를 런칭하기 위해 총력을 기울이고 있다. 시몬느는 박 회장 아내의 애칭이고, 0914는 둘이 운명적으로 재회한 날이다. 0914의 콘셉트는 독창성이다. 다른 브랜드처럼 연예인 마케팅을 통해서 빨리 소비자들에게 알려 매출을 올릴 생각도 없다. 대신 디자이너들에게 1년에 하나를 만들어도 좋으니 세상에 없는 진짜 독창적인 디자인을 만들라고 주문한다.

박 회장은 "우리가 ODM 하고 있는데 어떻게 남의 것을 베끼겠는가? 요즘 디자이너들은 루이뷔통 (가방) 몸통에 클로에 핸들 붙이는 식으로 이리저리 각 브랜드의 디자인을 짜깁기해서 매출을 올리고 싶은 유혹에 빠지기 쉬워요. 그러나 우리는 오리지널리티(독창성)가 DNA입니다."라고 설명했다. 명품 가방의 이름 없는 제조업체로 성공한 시몬느의 미래가 향후 더 큰 기대를 모으는 이유는 여기에 있다.

777은 손톱깎이의 대명사

수출의 나라 한국. 그러면 전 세계에서 가장 많이 사용되고 있는 한국산 제품은 무엇일까? 삼성전자의 휴대폰? 현대자동차? LG전자의 에어컨? 아니다. 정답은 777(쓰리세븐) 손톱깎이다.

777은 일상생활에서 자주 접하는 까닭에 우리에게도 친숙하다. 특히 기념품이나 행사 선물로 777 손톱깎이 세트를 받으면 그렇게 기분이 좋을 수 없다. 언제 받아도 요긴하기 때문이다. 쓰고 있던 낡은 것을 교체해 직접 사용해도 좋고 다른 사람에게 다시 선물해도 반응이 좋다. 그런데 이 777 손톱깎이의 세계시장 점유율이 43%에 달한다는 사실은 잘 알려져 있지 않다. 조금 과장하면 전 세계 손톱깎이 두 개 중 하나가 777 제품이라는 얘기다. 수치로 보면 더 놀란다. 매년 1억 개 가량을 만들어 92개국에 수출해 2012년까지 26억 개가 지구인의 손발톱을 다듬고 있는 것이다.

777도 초창기에는 미국의 TRIM 손톱깎이를 OEM 생산했다. 하지만 이제는 자체 브랜드로 TRIM을 누른 것이다(혹시 앞서 소개한 시몬느의 미래가 보이지 않는가?). 현재는 전문가용 일부 고가제품을 제외하면 세계시장에서 777의 성능과 시장점유율은 압도적이다.

1975년 고 김형규 회장이 설립한 777은 품질 관리와 신뢰를 사훈으로 삼는다. 1981년 미국 수출품에 대해 하자 문의가 들어오자 하자 물품을 전량 소각한 것은 유명한 사례다(삼성전자의 휴대전화 소각보다 먼저다). 1998년에는 미국 보잉사와의 상표권 분쟁에서 승소, 국내 중소수출기업의 대표주자로 주목을 받기도 했다.

안타까운 것은 777이 김형규 회장이 사망하면서 2008년 증여세 부담 탓에 주인이 두 번이나 바뀌는 곡절이 있었다는 점이다. 책의 뒷부분에서 언급하겠지만 '제2의 777'이 나오지 않도록 중소기업에 대한 세금 정책이 필요하다.

오토바이 헬멧도 메이드 인 코리아!
／HJC／

'홍진크라운' 하면 아마 아는 사람이 많지 않을 것이다. 하지만 오토바이 마니아들은 바로 고개를 끄덕일 것이다. 아니, 오토바이에 대한 인식이 좋지 않은 한국보다, 미국과 유럽 등 해외에서 HJC(홍진크라운) 하면 손가락을 치켜세우는 사람이 더 많을 것이다. 미국에서 오토바이를 타는 사람 10명 가운데 4명이 이 회사 제품을 사용한다. 세계시장 점유율은 20%선. 수식어 그대로 세계 최대의 오토바이 헬멧 제조업체다. 수천 개 업체가 경쟁하는 글로벌 헬멧 시장에서 20% 점유율은 압도적 1위다. 2위인 이탈리아의 놀란(Nolan)이 7~8% 수준이니 그 격차는 어마어마한 것이다. 더욱이 홍진HJC의 전체 매출에서 내수 판매가 차지하는 비중은 3~4%에 불과하다.

이 회사의 홍완기 대표는 평범한 농가의 7형제 중 장남으로 태어나 우유 배달과 막노동 등으로 학비를 벌어 대학을 졸업하고 1971년 10여 명의 가족을 모아 가내수공업 형태로 홍진기업을 창업했다. 오토바이 내장재를 생산하면서 시작된 홍진기업은 1974년 서울헬멧을 인수해 '크라운'이라는 자체 브랜드로 헬멧을 만들어 판매하기 시작했다. 국내 최초였다. 이어 기술개발 및 생산공정 효율화 노력을 계속했고 1982년 마침내 국내시장의 70%를 차지하며 1위 업체로 부상했다.

그런데 HJC는 내수 1위에 만족하지 않았다. 국내시장의 한계를 깨닫고 바로 미국 시장 공략에 나섰다. 처음엔 고전했다. 품질과 디자인이 시원치 않았기 때문이다. 1984년 미국 헬멧 규격 인증을 받았지만 낮은 브랜드 인지도 때문에 판매는 신통치 않았다. 다시 2년여의 노력 끝에 해외 유명 브랜드들도 따기 어렵다는 스넬(SNELL) 인증을 획득했고, 이후 판매가 급격히 늘기 시작했다. 그리고 1992년 12월 미국 최고 권위 오토바이 전문 잡지 〈모토사이클 인더스트리〉의 판매 조사에서 북미지역 헬멧 부문 1위로 선정됐고 지금까지 단 한 번도 1위 자리를 내주지 않고 있다.

HJC가 어떤 회사인지를 잘 보여주는 두 가지 일화가 있다. 먼저 철저한 독자 브랜드 노선이다. 미국에서는 어느 정도 이름을 알렸지만 전 세계적으로는 아직 미약한 점유율이었을 때 세계적인 유통망을 갖춘 한 해외 헬멧 브랜드에서 매력적인 제안이 들어왔다. 50만 달러어치 제품을 구매할 테니 주문자 상표 부착 생산(OEM) 방식으로 제품을 공급해달라는 요청이었다. 당시 50만 달러면 적지 않은 돈이었지만 홍진HJC는 단칼에 이를 거부했다. OEM 업체로 전락해버리면 자체 브랜드를 키울 수 없고 언젠가 글로벌기업들과 경쟁하려면 자체 브랜드만큼은 양보할 수 없다는 홍 대표의 철칙 때문이었다. 이후 디자인 등을 강화해 미국 외의 해외시장에서도 고객의 마음을 사로잡는 데 성공했다.

HJC는 또 '연구하지 않는 기업은 살아남을 수 없다.'는 전제 하에 매출액의 10% 가량을 R&D에 투자하고 있다. 국내 헬멧 제조업체 중 유일하게 자체 연구소를 보유하고 있고, 국내외에 60개 이상의 특허도 갖고 있다. 이런 노력 덕에 플라스틱 헬멧 개발에 도전했고, 지금까지 어떤 기업도 개발에 성공한 적이 없던 기술이 한국 중소기업 손에서 달성되겠는가라는 예상을 깨고 혁신적인 제품 개발에 성공했다. 홍진HJC는 헤르만 지몬 교수가 '히든 챔피언(Hidden Champion)'으로 선정하기도 했다.

열악한 여건에도 세계시장 점유율 1위, 혹은 그에 준하는 성과를 내고 있는 한국의 중소기업은 의외로 많다. 지몬 교수의 카테고리[24] 보다 범위를 좀 확장하면 줄잡아 100개 이상은 된다는 것이 《9988-김용구의 4.0시대 중소기업 이야기》의 저자 김용구 회장의 분석이다. 남은 문제는 계속해서 이런 기업들을 만들어내는 일이다. 그런데 그 여건이 예전만 못하다. 중국이 이미 엄청난 속도로 추격해왔고, 제조업 부흥을 내세운 선진국의 견제도 심하다. 이전의 방식으로는 현상유지는커녕 퇴보가 불가피한 것이다. 한국인의 뛰어난 중소기업 DNA를 창소기업 기치 하에 전략적으로 육성하는 것이 그래서 절실하다.

-----

24 헤르만 지몬에 따르면 전 세계 2,000여 개 히든 챔피언 중 한국 기업은 25개 정도에 불과하다.

창소기업은
창고에서 시작한다

"가장 두려운 장애물이 무엇인가요?"

조금은 철학적이었다. 1998년 워싱턴 주 레드먼드 시에 위치한 MS캠퍼스에서 빌 게이츠 회장을 인터뷰하던 50대 중반의 〈뉴요커〉 칼럼니스트는 질문을 거듭한 끝에 묵직한 화두를 하나 던졌다.

답은 의외였다.

"누군가가 창고에서 완전히 새로운 무언가를 개발하고 있지 않을까가 두렵군요."

라이벌 애플도 아니고, 스티브 잡스도 아니었다. '창고'라니. 컴퓨터 황제는 뜻밖의 답변을 내놓았다. 천재는 또 다른 천재를 두려워하는가? 그런데 선문답 같은 이 대답은 현실이 됐다. 빌 게이츠의 막연한 두려움은 무서우리만큼 정확한 것이었다.

같은 해 래리 페이지와 세르게이 브린, 두 명의 스탠퍼드대 학생이 회사를 만들었다. 래리 페이지가 CEO, 세르게이 브린이 사장이었다. 동료 학생 크레이그 실버스타인을 첫 번째 직원으로 채용하자 사무공간이 필요해졌고, 브린의 여자친구 수잔 보이치키로부터 월세 1,700달러에 방을 빌려 쓰기로 했다. 임신 중인 수잔은 프라이버시 보호 차원에서 세입자인 그들에게 차고 문을 이용해 사무실로 들어가달라고 부탁했다. 이렇게 해서 그들이 세운 회사, 구글[25]의 회사는 차고 주소를 쓰게 됐고, 실리콘밸리의 가장 고전적 창업 형태인 또 하나의 '창고 창업 신화'가 시작됐다. 구글이 2004년 천문학적인 액수로 주식시장에 상장됐고, 전성기의 IBM과 MS를 능가하는 기세로 인류의 삶의 방식을 바꾼 것은 주지의 사실이다.

게이츠의 두려움이 말해주듯 이렇게 창소기업 하나가 세상을 바꿀 수 있다. 물론 그런 창소기업은 한 번 도전에 바로 나오는 것이 아니다. 전체적으로 보면 수많은 아이디어와 도전, 즉 수많은 창소기업 중에서 역사적인 기업이 탄생하는 것이다. 그래서 가능한 많은 창소기업이 나올 수 있도록 생태계를 가꾸는 것이 중요하다.

확실한 것은 이 창소기업의 효과는 정말 엄청나다는 사실이다. 국가 경제를 살찌우는 것은 물론이고, 창소기업을 통해 양질의 일자리를 창출한다. 또 이 일자리는 '창소'이다 보니 청년실업을 효과적으로 해결하고, 정년에 묶이지 않고 숙련된 50~60대 이상의 고령층 노동력도 쉽게 활용할 수 있다. 여기에 창소기업이 활성화된다는 것은 그만큼 대기업 횡포에서 벗어난다는 의미이기 때문에 경제 민주화의 주춧돌이 된다. 이와 함께 고용의 88%를 담당하는 중소기업의 소속원

---

25 1998년 1월 래리 페이지와 세르게이 브린이 제출한 논문은 검색엔진에 관한 것이었다. 두 사람은 엔진 이름으로 10의 100제곱을 의미하는 '구골(googol)'을 쓰기로 했지만 도메인을 선점당하자 '구글(google)'로 바꾸었다.

들이 잘살게 된다는 것은 저절로 복지 강화로 연결이 된다.

이것이 다가 아니다. 대기업은 서울 등 수도권에 몰려 있다. 생산공장이 지방에 있다고 해도 이 혜택을 받는 지역은 극소수에 불과하다. 기본적으로 끊임없이 생겨나는 창소기업은 숫자가 많다. 기업 환경이 좋은 지방에서 창소기업을 육성하면 지역 균등 발전 문제도 아주 바람직한 방식으로 해결할 수 있다.

교육은 창소기업과 가장 관련이 깊은 분야다. 4장에서 자세히 소개하겠지만 창소는 아이디어가 생명이고, 아이디어는 결국 사람에게서 나온다. 그렇다면 사람을 키우는 교육이야말로 창소기업 육성의 핵심 프로젝트라 할 수 있다. 당연히 한국사회 최대 문제로 지적받아온 교육 문제도 창소기업 육성으로 그 해결의 단초를 찾을 수 있는 것이다. 큰돈을 들이지 않아도 자녀를 훌륭하게 키울 수 있는 교육 시스템은 다른 쪽에서 추진되는 복지정책 강화와 함께 세계 최저수준이라는 출산율을 끌어올리는 역할을 할 것이다. 또 창소기업 활성화는 우수 인력 및 노동력 확보 차원에서 외국 인력 유치를 거스를 수 없는 시대의 과제로 만들 것이고, 이는 다문화사회의 역동성 확보로 연결된다.

창소기업이 가져올 미래는 생각만 해도 기분이 좋아지게 한다. 어쩌면 세상살이에 닳을 만큼 닳았다고 할 수도 있고, 솔직히 보통사람들보다 조금 더 삶을 누린 측면이 있는 50대 중반의 정치인(필자)이 이 정도이니, 9988가족들은 말할 나위가 없을 것이다. 개인적으로는 심지어 정치영역에서도 몇몇 대기업의 사회 장악이 줄어들어 못된 정경유착이 사라질 것으로 기대한다. 창소기업 활성화는 무슨무슨 공화국

하는 식으로 특권을 누리는 극소수 세력에게는 도움이 되지 않을 것이다. 그들에게는 더 정신 차리고 주어진 역할을 정직하고, 충실히 수행하도록 하는 자극제라 할 수 있다.

이 장에서는 빌 게이츠가 두려워하는 '창고에서 시작하는 창소기업'이 대한민국에 넘쳐날 때 나타나는 모습을 미리 살펴보겠다.

한양대학교를 주목하라

이 책에서는 가능한 개인적인 얘기는 안 하겠다고 미리 원칙을 세웠다. 자칫 정치인이 되지도 않는 자기 치적을 자랑하는 인상을 풍기고 싶지 않았기 때문이다. 그러려면 그럴듯한 자서전이나, 정치 비전을 담은 보기 좋은 에세이 책을 썼을 것이다.

그런데 로스쿨 도입은 좀 언급해야겠다. 이유는 창소기업과 관련이 있기 때문이다. 로스쿨 법안의 입법은 내가 초선의원(17대 국회) 임기의 끄트머리를 보내고 있던 2007년 6월 임시국회의 마지막 날인 7월 3일에 이루어졌다. 날짜도 아직 또렷이 기억한다. 1995년 김영삼 정부 때 시작돼 12년이 넘게 걸렸을 만큼 사연이 많았고 당일에도 사립학교법 재개정안과 맞물리며 자정 직전에 간신히 통과됐기 때문이다. '법학전문대학원 설치 운영에 관한 법률안(로스쿨 법안)'은 사법시험과 사법연수원을 통해 국가 주도의 법조인 선발·양성의 문제점을 해결하기 위한 것이었다. 쉽게 말해 법학 교육의 황폐화, 소위 '고시 낭인'으로 인한 국가 인력의 낭비, 관료적·폐쇄적인 법조사회 개혁이 목표였다. 당연히 학계와 시민단체 등은 찬성한 반면 기득권을 갖고 있는 법원·법무부·변협 등 법조계는 강력하게 반발했다. 이 로스쿨법을 강력하게 밀어붙인 사람이 당시 이주호 의원(나중에 교육부 장관)과 필자였다.

로스쿨 제도는 사회 전체적으로 봤을 때 인재 활용에 도움이 될 것이다. 판사나 검사는 정의감이 강하고, 상식적이고, 판단력이 있는 사람이 하면 되는 것이다. 이렇게 너무나도 지당한 방향으로 사법 개혁이 이루어져야 똑똑하고 창의적인 젊은이들이 법조인이라는 상식적인 직업을 얻는 데 아까운 세월과 뛰어난 머리를 낭비하는 일이 없어지는 것이다.

창소기업의 다른 이름은 고용이다. 창소기업을 세우는 몇몇 사람은 물론이고, 그 사람(들)을 중심으로 고용이 창출된다. 이때 고용은 두세 사람에서 수만 명까지 그 폭이 어마어마하다. 빌 게이츠(마이크로소프트), 스티브 잡스(애플), 래리 페이지(구글), 마크 주커버그(페이스북) 등 이들이 창출한 고용을 생각해보면 쉽다. 이들로 인해 안정된 직업을 얻은 사람이 얼마나 많은가? 그리고 성공한 창소기업의 고용은 양뿐만 아니라 질적으로도 최고 수준이다. 한국이나 미국이나 요즘 젊은 인재들이 가장 입사하고 싶어 하는 회사는 구글, 네이버 같은 회사들이다. 창의성을 존중하는 분위기, 대학 캠퍼스를 연상시키는 자유로운 근무환경, 육아는 물론 채식주의 식단까지 갖춘 빼어난 복지, 그리고 무엇보다 높은 임금 등 '신의 직장'으로 손색이 없는 것이다.

그리고 창소기업의 고용은 연속성이 강하다는 특징이 있다. 설사 처음 시도가 실패했다고 해도 다시 2차, 3차 고용으로 연결된다. 앞서 설명했지만 창소기업은 실패를 전제로 한다. 실패하지 않고서는 큰 성공을 거둘 수 없는 것이다. 설령 처음에 실패했다고 해도, 창소기업 DNA를 가진 젊은이들은 시행착오를 개선하면서 끊임없이 아이디어를 내고, 기업화를 시도한다. 당연히 그 구성원들도 계속해서 고용이 이루어지는 선순환 구조를 보이는 것이다. 또한 창소기업 직원으로서의 경험은 향후 자신이 창소기업에 도전하는 밑거름이 되기도 한다.

창소기업은 젊다. 일단 창업자가 젊다. 아무래도 획기적인 아이디어는 세상살이에 적응된 중장년층보다는 청년층에서 많이 나오기 때문이다. 게이츠, 잡스, 페이지, 주커버그 등도 모두 20대에 기업을 만들었다. 창업자가 젊으니 구성원도 젊다. 미국뿐 아니라 한국도 그렇다. 대기업에 비하면 네이버, 다음, 넥슨, 엔씨소프트 등 IT기업의 평균연령은 크게 낮다. 이는 창소기업을 활성화하면 나라의 큰 걱정거리인 청년 실업 문제를 해결할 수 있다는 사실을 의미한다. 앞서 설명한 대로 미국도 스타트업 프로젝트로 실업률을 떨어뜨린 바 있다.

그런데 우리의 현실은 끔찍하기까지 하다. 똑똑한 젊은이들이 창업보다는 이른바 '신의 직장'이나 대기업, 혹은 안전성이 보장되는 공무원이나 공사 직원 등을 선호한다. 또 공부를 보다 잘하는 경우에는 고시공부와 대학 잔류 등을 택한다. 아니, 그들을 둘러싸고 있는 환경이 그들에게 그런 현실 안주형 선택을 강요한다고 해야겠다.

가장 최근 자료를 찾아보니 2013년 8월 이공계 인재들이 창업을 심하게 기피하는 것으로 조사됐다. 전국경제인연합회(전경련)의 조사인데 공학계열 박사 졸업 예정자 155명을 대상으로 설문조사한 결과 졸업 후 대학에 남겠다는 답변이 53%로 가장 많았고, 다음으로 기업에 취직하겠다는 답변이 37%, 창업이 10%로 그 뒤를 이었다. 조사 대상이 서울대·포항공대·카이스트 등 3개 국내 주요 대학이었으니 한국 최고의 인재들 중 창업에 나설 사람은 10명 중 겨우 1명이었던 것이다.

이 조사만 그런 것이면 좋을 텐데 고도의 기술력을 가진 공학 인재들이 창업을 꺼려 한다는 조사는 차고 넘친다. '엄마가 창업하지 말래요'라는 제목의 기사까지 있었다. 공대를 나와 다시 의사·변호사에 도전하는 경우도 있었다. 앞서 사법 개혁을 거론한 것도 이 때문이다. 1등 인재들의 인식이 이래서는 나라의 발전이 없다. 한국은 아무리 양보해도 '창업 권하지 않는 사회'임에 틀림없다.

또 창업을 하는 경우에도 성공에 가까워 보이는 손쉬운 아이템에만 치우치고 있다는 문제도 있다. 실패를 용인하지 않는 문화 때문에 예비창업자는 실패를 두려워하고, 남들이 가지 않은 길보다는 쉽게 돈을 벌 수 있는 분야를 노리는 것이다. 그러다 보니 돈 되는 아이템에만 창업 희망자가 몰려 엇비슷한 창업 아이템이 쏟아지고 있다. 한국콘텐츠진흥원에서 1인 창조기업 심사를 맡은 관계자는 한 언론 인터뷰에서 "심사 대상자들의 창업 아이템을 검토하다 보면 영어교육 앱처럼 누구나 생각할 수 있는 아이템과 수도 없이 마주친다. 이미 해당 분야는 '레드오션'을 형성하고 있는데 비슷한 시도로 성공을 꿈꾸는 것은 어불성설"이라고 지적했다. 이우일 서울대 공대 학장도 "짜장면 소스를 바꾸는 창업만으로는 어렵다. 진입장벽이 높은 모델을 생각하지 않는 것은 창업 희망자가 간단하고 검증된 아이디어만 시도하기 때문"이라고 꼬집었다.

외국은 그렇지 않다. 스웨덴의 경우 공대 출신 10명 중에 7명은 창업을 희망한다. 미국 예비 공학박사들도 취업이나 창업을 선택하겠다는 비율이 대학 잔류보다 두 배 이상이나 높다. 학위 취득이 아니라 학업 도중에 창업하는 경우도 흔하다. 우리와는 달리 도전에 실패해도 복학·복직을 허용하는 문화가 이미 자리잡고 있는 것이다. 구글을 만든 래리 페이지의 경우도 박사과정 막판에 본격적으로 사업을 할지, 공부를 계속할지 결정을 하지 못했다. 이때 제프리 울먼이라는 지도교수는 "성공하지 못하면 언제든 돌아와서 박사과정을 마쳐도 좋네."라며 학위에 연연하지 말고 대학을 떠날 것을 격려했다고 한다. 한국이라면 페이지는 세상을 바꿀 검색엔진을 개발하고도 사업화에 나서지 않고, 대학교수의 길을 택하지 않았을까?

외국의 구체적인 사례는 부럽기만 하다. 미국 매사추세츠공대(MIT)나 중국 칭화대는 세계적인 명문대학이면서 또한 창업으로 유명하다. MIT에서는 1970년대 이후부터 졸업생들의 창업 붐이 꾸준히 이어지고 있다. 기업과 대학을 연결하는 체계적인 시스템이 꾸준히 갖춰져

왔다. 세계적으로 MIT 출신이 설립해 현재 왕성히 활동하는 기업이 2만 5,000개가 넘는다고 한다. 이들은 300만 명이 넘는 인원을 고용하고, 연 2조 달러가 넘는 매출을 올리고 있다. 가까운 중국도 청년창업에 관한 한 한국을 이미 앞서고 있다. 2003년 설립된 중국 칭화대의 기술지주회사인 '칭화홀딩스'는 현재 자회사가 90여 개에 이르고 자산규모는 4조 원에 달한다. 칭화홀딩스는 대학 내 우수 연구 성과나 아이디어가 모여 실제 사업화를 통해 기업으로 거듭난 '허브' 역할을 톡톡히 하고 있다.

외국대학의 '창업사관학교' 변신과 관련해 최근에도 눈길을 끄는 보도가 하나 있었다. 바로 세계 최고의 대학으로 꼽히는 하버드다. 2013년 9월 7일 〈조선일보〉의 심층보도에 따르면 하버드의 창업 촉진 프로그램은 충격에 가깝다. 'FIELD'라고 명명된 이 프로그램은 하버드대 경영대학원이 2012년 신입생 900명 전원을 대상으로 하는 창업 실험이다. 신입생 전원을 창업 현장에 투입해 진정한 창업자를 가려내는 프로젝트로 이 대학 90년 역사에 있어 최초이자, 가장 획기적이고, 가장 규모가 큰 도전이었다. 신입생 전원을 창업에 뛰어들게 만든 것은 전 세계 경영대학원 역사상 최초의 시도다. 하버드가 이렇게 창업에 나선 것은 '창업 기지'로 이름난 서부 스탠퍼드 대학에 맞서기 위해서라고 해석된다. 케이스 스터디만으로 부족하다는 여론이 비등하자 '학생들 피부 속까지 제대로 된 경영을 가르쳐보자.'며 노리아 니틴 하버드 경영대학원 학장이 직접 이 프로젝트를 기획했다. 어쨌든 중요한 것은 세계 최고의 대학마저도 창업 신드롬에 부응하고 있다는 점이다.

창업과 관련한 한국의 사회 분위기와 지원 시스템이 열악하기는 하지만 희망도 있다. 예컨대 2009년 12월 대구의 〈매일신문〉에 보도된 김영식 창업진흥원 이사장(금오공대 교수)의 지적은 그 울림이 크다. '지금은 스스로 일자리 만드는 시대' 라는 제하의 기사에서 그가 말한 것을 요약하면 이렇다.

한마디 한마디가 귀에 쏙쏙 들어온다. 김 교수 같은 사람, 창업진흥원과 같은 조직이 많아져야 한다. 그래야 20%가 넘는 체감 청년실업률을 근본적으로 낮출 수 있다.[26]

---

26 2010년 한국의 청년 실업률은 공식적으로 7.7%였지만 체감 청년 실업률은 22%에 달했다.

한양대는 기술 창업의 요람으로 발돋움하고 있다. 사진은 2012년 시작된 '한양 동문 스타트업 아카데미(Start-up Academy)' 입학식 모습

또 구체적인 사례로는 '창업사관학교'로 불리는 한양대학교를 주목할 만하다. 2010년 기준으로 전국 4년제 대학에 재학 중인 대학생 창업자 수는 사립대가 평균 2.2명이고 국공립대는 1.8명이었다. 하지만 한양대 재학생 창업자는 23명이나 됐다. 한양대는 공대가 유명하고, 또 실용을 중시하는 학풍을 갖고 있다. 이런 문화를 바탕으로 한양대는 1997년 9월 일찌감치 창업보육센터를 설립했다. 유망한 아이디어와 기술을 보유한 창업자를 발굴하여 국내 최고 수준의 창업보육 프로그램을 통해 창업 성공률을 높이기 위해서였다. 이어 2009년에는 글로벌기업가센터를 세웠다. 창업의 목표는 궁극적으로 좁은 국내가 아닌 해외가 돼야 한다고 판단했기 때문이다. 그리고 2012년 3월에는 이 두 센터를 결합해 창업 기본교육에서부터 선배 기업인과의 멘토링(한양 동문 스타트업 아카데미), 투자유치 및 판로 개척까지의 일련의 과정을 '원 스톱 인큐베이팅 시스템(One Stop Incubating System)'이라는

이름 하에 적극 지원하고 있다.

별도의 센터뿐 아니라 한양대는 아예 창업 관련 교과목을 도입했다. 지식재산 관련 교과 과정이 56개(국내 대학 평균 2.7개)나 되며 여기에는 창업 실무를 다루는 것들이 많다. 공대 3학년의 경우 '기업가정신' 수업이 필수 학점으로 지정돼 있고, 에리카 캠퍼스에는 디자인, 공대, 마케팅 관련 인문 사회 계열 학생이 한 팀을 이뤄 진행하는 '특허와 협상' 과목도 있다. 교양 과목인 '특허 정보를 활용한 창업 전략'은 1인창조기업인에게 필요한 특허 실무를 특허청 특허심판원장 출신의 변리사가 직접 강의한다. 이밖에 매년 '한양대 글로벌 창업 아이디어 경진대회'를 개최해 발명 및 창업 동아리를 지원하고 있다.

2013년 9월 현재 '한양대 벤처 동문회'는 회원만 1,000명이 넘는다. 벤처 동문 기금인 '한양엔젤펀드'는 1년 동안 총 6개 학내 스타트업 프로젝트에 6억 원 이상을 투자했다.

한양대의 창업은 특허를 활용해 기술지주회사의 자회사 형태로 설립된다는 것도 인상적이다. '한양대학교기술지주회사'는 국내 최초 대학기술지주회사다. 대학이 기술과 특허를 파는 관례를 깨고 자체적인 사업화에 나선 것이다. 스타트업 기업의 IPO, M&A 과정에서 일자리 창출은 물론 학교 재정 문제 해소 효과까지 발생하다는 평가를 받고 있다.

2013년 8월 한양대학학교기술지주회사의 자회사인 ㈜하이코어가 글로벌 모터 제조 기업인 DAPU와 약 400억 원 상당의 공동 제품 개발 및 양산·판매 계약을 체결한 것은 한양대 창업의 대표적인 성공 사례다. 하이코어는 한양엔젤펀드 창업 자금을 기반으로 2012년에 설립된 신생 벤처기업으로 1년여 만에 해외에서 한양대 기술의 사업화라는 쾌거를 달성한 것이다.

창소기업 정신을 일찌감치 실천에 옮겨 기술 창업의 요람으로 발돋움하고 있는 한양대는 2013년 9월 〈전자신문〉이 발표한 '2013 대학 지식재산 경쟁력 평가'에서 종합 1위에 올랐다.

2011년 〈동아일보〉가 경제전문가 100명을 상대로 조사했더니 '우리 사회의 가장 큰 문제점'은 첫째도 고용, 둘째도 고용, 셋째도 고용이었다. 2012년 대선에서도 경제 분야에는 고용 창출이 가장 큰 화두였다. 209만 개의 새 일자리가 필요하다는 얘기도 나왔다. 그런데 중요한 것은 해결책이다. 결론은 '중소기업을 살려야 한다.'였다. 〈동아일보〉 조사에도 57명이 고용 대책으로 중소기업을 살려야 한다고 답했다.

이견이 없다. 우리 경제의 최대 당면과제인 청년실업 감소를 위해서는 창업 활성화를 통해 좋은 일자리를 많이 만드는 것이 매우 시급하다. 또 이는 보다 구체적으로 꼬집어 말하면 우리 사회가 끊임없이 창소기업이 만들어지는 구조를 갖추는 게 필요하다는 의미다.

자본주의 4.0

앞서 아나톨 칼레츠키와 자본주의 4.0을 소개한 바 있다. 그런데 쉽게 설명하자면 이 자본주의의 4번째 버전은 앞으로 도래해야 한다는 설정의 대상이다. 그렇다면 우리는 지금 자본주의 3.0에 살고 있는 것이다. 지금 시대는 자본주의 3.0 대신 '신자유주의'라는 이름으로 불리고 있다. 경제 문외한이라도 신자유주의의 얼개는 대략 알 것이다. 그럴 만도 한 것이 1980년대 이후 전 세계 경제 흐름을 주도한 이 시스템의 부작용이 전 세계적으로 극에 달해 있기 때문이다.

사람이라는 게 참 간사하다. 모든 것에 득실이 있듯 신자유주의도 초창기에는 긍정적 측면이 강했다. 1970년대 이후 세계적인 불황이 닥치면서 장기적인 스태그플레이션은 케인즈식 자본주의(자본주의 2.0)가 실패했다는 증거가 됐고, 그 대안으로 신자유주의가 등장했다. 그리고 이 '새로운 자유주의'는 곧 비능률을 해소하고, 경쟁시장의 효율성 및 국가경쟁력을 강화하는 등의 긍정적 효과를 이끌어냈다. 영국의 대처 수상, 미국의 레이거노믹스 등의 성공이 신자유주의에 근간을 뒀다.

그런데 '절대진리는 없다.'는 헤겔의 변증법을 입증이라도 하듯 이 신자유주의는 30년을 넘기면서 불황과 실업, 그로 인한 빈부격차 확대, 산업 선진국과 후진국 간의 갈등과 같은 심각한 부작용을 초래했다. 이제는 신자유주의가 몹쓸 이론이라고 욕을 먹는 것은 물론, 심지어 시카고학파의 거두 밀턴 프리드먼(2008년 타계)은 노벨경제학상을 받은 사람임에도 불구하고 남미 군사정권에 조언을 하고, 신자유주의 이론을 이끌었다는 이유로 '악의 화신'처럼 여겨지기도 한다. 요즘 경제학을 한다는 사람들을 보면 케인지언(뉴케인지언과 포스트케인지언 포함)[27]을 자청하는 사람은 수두룩해도 신자유주의를 옹호하는 사람은 그 수가 적다.

이 장에서 새삼 신자유주의를 언급한 것은 지금 우리 사회에서 최대 화두 중 하나인 경제민주화와 복지는 대한민국만의 고민이 아니라는 점을 강조하기 위해서이다. 따라서 그 대안도 한국만이 아닌 세계 경제 차원에서 더 거시적으로 분석한 후 마련해야 한다.

신자유주의의 문제는 그 정도가 조금 더 심하다고 할 수는 있지만

---

27 Keynesian. 영국의 경제학자 케인스(John Maynard Keynes)에 의해 제창된 경제학 이론에 기초한 경제정책을 지지하는 사람을 뜻함.

한국만 특별한 것은 아니다. 미국, 일본, 중국 등은 물론 경제민주화와 복지가 뛰어나다는 영국, 독일, 프랑스와 북유럽의 상황도 마찬가지다.[28]

예컨대 신자유주의 대표적 폐해인 양극화는 신자유주의의 모토인 '세계화'를 제대로 수행한 탓인지 이미 세계적인 현상이 돼버렸다. 오죽하면 2011년 영국 옥스퍼드 영어사전 편집부가 올해의 단어로 '쭈그러든 중산층(squeezed middle)'[29]을 선정했겠는가?

미시적으로 한국을 봐도 그렇다. 김영삼 정부 때 '세계화'라는 구호가 회자되더니 1997년 IMF 경제위기를 결정적 계기로 해서 한국 경제의 신자유주의적 전환이 급격하게 이루어졌다(오히려 선진국보다 늦다). 그리고 김대중-노무현-이명박 정부를 거치면서 경제정책의 근간을 이루었다. 성장보다는 분배를 강조하는 이른바 '진보 정권'도 신자유주의에서 벗어나지 못했다는 것은 흥미로운 사실이다. 이 시기 역사상 양극화가 가장 심하게 이루어졌고, 부동산 가격은 정부의 수많은 안정화 정책을 비웃듯 폭등했다. 경제정책의 수립과 집행에 있어 숲은 간과하고 나무만 열심히 바라봐서는 안 되는 것이다. 북한과 같은 나라가 아니라면[30] 이제 한 나라의 경제는 세계 경제와 별도로

28　'20 대 80의 사회'도 독일에서 만들어진 말이다. 인구의 20%인 엘리트만 부유한 삶을 누릴 수 있고, 나머지 80%는 빈곤해진다는 이 사회 이론은 오스트리아와 독일 출신 언론인인 한스 페터 마르틴과 하랄트 슈만이 《세계화의 덫》(1997년)에서 제기한 화두다.

29　'짓눌린 중산층'으로도 번역됨. 경제위기 속에서 물가 상승, 임금 동결, 공공지출 삭감 등에 특히 영향받는 사회 중간층 사람들을 의미한다. 2011년 초 에드 밀리밴드 영국 노동당 당수가 한 라디오 방송에서 처음 사용했다.

30　사실 북한도 중국 경제라는 상수를 배제한 채 설명할 수 없다.

독립할 수 없다. 전 세계적으로 신자유주의 물결이 몰아쳤고, 한국도 정치권력의 이념과는 별개로 여기서 벗어날 수 없었던 것이다.

마찬가지로 한국의 신자유주의 문제도 편가르기식 이념논쟁이나, 말하고 듣기에 좋은 복지 강화론으로 간단히 해결할 수 있는 것이 아니다. 선진국은 지금 과거의 케인즈 경제정책처럼 정부 개입, 복지 강화 등으로 자본주의 4.0을 만들려고 하지 않는다. 분배에 주력하다 보면 성장에 문제가 생긴다는 진리를 이미 몸소 경험했기에 잘 알고 있다. 따라서 성장과 분배, 두 가지 모두에 성공하기 위해 '창조경제'를 부르짖고, 또 중소기업 육성으로 사회의 허리를 두텁게 하려고 한다.

그렇다. 창소기업, 즉 창조적이고 작은 기업들을 끊임없이 육성하는 것은 경제민주화와 복지에 가장 효과적인 기반 조성인 것이다. 지금 진행되고 있는 선진국의 정책이 이를 입증한다.

사실 경제민주화와 복지는 그 근본 철학이 같다. 공정함, 약자에 대한 배려, 더불어 사는 사회, 불법·편법·특혜 근절 등의 가치를 공통분모로 한다. 보다 구체적으로는 신자유주의가 초래한 심각한 양극화를 바로잡는 것을 '복지'라고 할 수 있다. 그런데 양극화는 계층의 양극화만 있는 것이 아니다. 대기업과 중소기업 간의 양극화가 심해졌고, 심지어 같은 대기업 간의 격차도 점점 더 벌어지고 있다. 이런 기업의 양극화 현상을 바로잡는 것이 '경제민주화'의 핵심 과제인 것이다.

먼저 창소기업과 경제민주화의 관계를 보자. 널리 알려져 있다시피 경제민주화는 우리 헌법에 명시된 개념이다. 119조 2항은 '국가는 균형 있는 국민경제 성장과 적정한 소득 분배, 시장지배와 경제력 남용 방지, 경제 주체 간의 조화를 통한 경제민주화를 위해 경제에 관한 규제와 조정을 할 수 있다.'이다. 이 조항은 1987년 헌법 개정 때 김종인 위원장이 주도해 삽입한 개념이다. 속칭 경제민주화 조항으로 불리는 이 문구는 2012년 대선을 앞두고 새삼 정치권과 시민단체를 중심으로 대기업에 쏠린 부의 편중 현상을 법으로 완화해야 한다는 주장으로 널리 쓰였다. 그리고 지금도 그렇다.

그런데 이 문구는 사람들마다 해석이 달라지곤 한다. 그리고 그 '다름'의 중심에는 대기업이 있다. 경제민주화를 강조하는 쪽은 대기업 대신 재벌이라는 표현을 쓰며 개혁을 당연시하는 반면 반대쪽은 재벌 개혁이라는 말 대신 반기업정서 조장이라고 반박한다.

예컨대 대선 국면에서 여야는 물론, 여당 내에서도 '이한구 파'와 '김종인 파'의 적용 방식이 제각각이라는 지적이 나왔다. 요약하자면 새누리당의 이한구 파는 '자유경제 질서'가 경제민주화에 우선한다고 말하지만, 김종인 파와 야당(민주당)은 현 시점에서는 경제민주화가 더 중요하다는 것이다. 이런 대립은 박근혜 정부가 출범한 후에도 그 기조가 계속되고 있다. 후자는 재벌에 대한 원천적인 그러니까 입법적 규제에 중점을 두고, 전자는 경제민주화를 보완 규정으로 보고 재벌 문제는 행정적인 규제로 부작용을 해결하면 된다는 소극적 자세를 보인다.

법을 공부했고, 또 정치 일선을 열성적으로 누볐고, 지금은 창소기업의 모토 아래 중소기업 지원에 모든 것을 걸고 있는 필자가 보기에는 참 소모적인 논쟁이다. 아주 간단하게 관점을 대기업(재벌)이 아닌 중소기업(혹은 중소상인)의 엄혹한 현실로 옮기기만 해도 판단이 쉬워지기 때문이다.

일단 경제민주화는 조항 자체가 재벌개혁만을 다루는 것이 아니다. 문구를 잘 읽어보면 균형 성장, 소득 분배, 경제력 남용 방지, 경제주체 간 조화, 이 4가지가 경제민주화를 위한 규제와 조정의 근거가 된다. 기본적으로 경제민주화는 재벌개혁뿐 아니라 대·중소기업 상생, 소액 주주 권리, 소비자 보호를 위한 반(反) 독과점 정책 등을 포괄하는 개념이다. 보다 압축하자면 경제주체 간 '갑을(甲乙) 관계'가 나타나는 모든 영역이 경제민주화의 대상이 된다고 할 수 있다. 따라서 국내 대기업 집단이 전체적으로 4가지 모두에 걸리면 모두 규제해야 하고, 1가지만 해당되면 그것만 규제하면 된다. 개별 대기업 차원에서도 마찬가지다. 그리고 해결방안도 입법적 조치가 필요하면 국회에서 하고, 행정조치로도 가능하면 그 편리함을 따르면 그만이다.

예를 들어 대형 유통업체에 대한 규제를 살펴보자. 이미 우리의 소비는 24시간 편의점–기업형 슈퍼마켓(SSM)–대형마트–백화점 순으로 아주 탄탄하게 포위돼 있다. 담배 등 간단한 물건을 살 때부터 주말 일주일치 장보기까지 주로 대기업들이 장악하고 있는 이 소·중·대 구매 시스템에서 벗어나기가 쉽지 않다. 이 사이 얼마나 많은 골목 구멍가게와 동네 슈퍼마켓, 그리고 전통시장이 사라지거나 위축됐는가? 이는 균형 성장, 경제주체 간 조화를 정면으로 위반하는 상행위이다. 더 이상 이런 유통의 독점(혹은 과점) 형태를 막기 위해 규제가 필요하다는 것에는 누구나 동의할 것이다. 독점이나 과점은 오히려 자유시장의

적이고, 결과적으로는 큰 피해를 야기한다는 것이 상식이다.

그리고 이미 2010년 11월 10일 개정된 유통산업발전법과 대·중소기업 상생협력 촉진에 관한 법률은 이에 대한 방지책을 담고 있다. '유통산업의 효율적인 진흥과 균형 있는 발전을 꾀하고, 대기업과 중소기업 간 상생협력(相生協力) 관계를 공고히 하여 대기업과 중소기업의 경쟁력을 높이고, 대기업과 중소기업의 양극화를 해소하여 동반성장과 건전한 상거래질서를 세움으로써 소비자를 보호하고 국민경제의 발전에 이바지함이 목적'이라는 긴 명분을 또렷이 명기하고 있다. 유통산업발전법의 경우 전통시장 또는 전통상점가 경계로부터 500m를 전통상업보전구역으로 지정해 SSM 등록을 제한하거나 조건을 부여하고 있으며, 대·중소기업 상생협력 촉진에 관한 법률은 대기업이 개점 비용을 51% 이상 부담하는 SSM 위탁형 가맹점을 사업 조정 대상에 포함하고 있다.

물론 이슈가 됐던 대형마트의 강제 휴업 조치 등 일부 구체적인 사항에는 이론이 있을 수 있다. 하지만 그것은 그 실효성에 대한 논란이지, 대기업 중심의 유통망 독과점 확산을 지금처럼 방치하자는 것이 되어서는 안 된다. 개인적으로 강제 휴업과 유통·프랜차이즈의 신규 점포 규제는 대부분 지금 시점에서 필요한 조치라고 생각한다.

유통이 아닌 제조업에서는 경제민주화 조항이 얼마나 무력화돼 있는가를 더 쉽게 확인할 수 있다. 일명 '납품단가 후려치기'라고 불리는 부당한 단가 인하 요구는 소득 분배에 위배된다. 무리한 납기를 강요하거나, 자신들의 입맛에 맞추지 않는 하청업체와 거래를 끊어버리는 것은 경제력 남용 방지의 취지에 어긋난다. 또 대기업의 '중소기업 기술 탈취'는 경제민주화 조항의 4가지 취지를 모두 위반한다고 할 수 있다.

확실한 것은 우리의 중소기업 현실은 괴롭기만 하다는 것이다. 대기업 구매 담당 임원의 경우 얼마나 납품단가를 낮추는가가 개인의 업무 평가에 척도가 되고[31], 중소기업의 22.1%가 대기업으로부터 보유 기술에 대한 이전 요구를 받았고, 이중 약 80%에 이르는 중소기업이 현재 거래하고 있는 대기업이나, 거래를 희망하는 대기업에 기술 자료를 제공하는 게 우리의 현실이다. 2008~2010년 사이 국내 중소기업 기술 유출 피해액은 4조 2,156억 원에 달했다.[32]

또 대기업과 중소기업 사이의 기술특허 분쟁에서 중소기업이 승소하는 확률은 점차 낮아져 2011년 상반기 기준 42.2% 수준까지 하락했다.[33]

헌법정신에 어긋나는 이러한 못된 관행을 바로잡는 것은 경제민주화 조치일 뿐 아니라 창소기업 육성에 도움이 된다. 대기업에게 부당하게 기술을 빼앗기거나, 합당한 이윤을 보장받지 못하는 것은 창의적인 아이디어로 사업화에 나서는 것을 막기 때문이다. 지금처럼 대

---

[31] 2013년 5월 산업통산자원부의 중소기업 대상 현장 심층조사에 따르면 902개 사 중 23.9%(216개 사)가 부당 납품단가 인하를 강요받았다고 답했다.
[32] 2010년 10월 중소기업청 설문조사 및 보도자료.
[33] 특허심판원 2011년 8월 자료. 기술특허 분쟁에서 중소기업이 승소하는 확률은 2008년까지는 50%가 넘었다.

기업과 중소기업이 갑을 관계로 여겨질 만큼 수직적 관계에 있다면 창소기업의 끊임없는 출현은 기대하기가 어렵다.

국내 제조 중소기업의 40%가 대기업과 직접 거래 관계에 있다. 경제민주화는 '대기업 죽이기'가 아니라 '창소기업 육성(혹은 중소기업 살리기)'이 돼야 하는 것이다. 예를 들어 이명박 정부가 만든 동반성장위원회는 한계가 있다. 이 위원회는 2011년 '중소기업 적합 업종 제도'라는 타이틀 아래 234개 분야에서 79개 품목을 3년간 중소기업 적합 업종으로 선정했다. 하지만 이는 강제성이 없는 권고사항이다. 그리고 2006년 폐지된 중소기업 고유 업종 제도의 재탕에서 크게 벗어나고 있지 못하다. 이런 식의 미봉책으로는 근본적인 해결이 힘든 것이다. 이 경우도 동반성장위원회가 아닌 정부 주도로 '중소기업·중소상인 적합 업종 보호에 관한 특별법'을 만들어야 했었다.

중요한 것은 획기적인 아이디어와 기술로 무장한 창소기업이 계속 나타나고, 또 발전을 거듭하도록 만들어야 한다는 것이다. 이는 결코 대기업에게 해가 되지 않는다. 자신들이 갖고 있는 규모의 경제학을 통해 상품화, 마케팅, 유통 등에서 창소기업과 동반성장할 수 있다. 혹은 정당한 대가를 지불하고 해당 창소기업을 인수하면 된다. 앞서 설명했듯이 이런 사례는 외국에서는 아주 당연한 것이다. 당연한 것이 당연하지 않은 시스템, 상식이 통하지 않는 갑을 관계가 우리의 문제인 것이다.

우리 헌법은 경제민주화 조항(119조 2항) 바로 앞에 '대한민국 경제 질서는 개인과 기업의 경제상 자유와 창의를 존중함을 기본으로 한다.'(119조 1항)고 선언하고 있다. 창의는 창소기업의 핵심 가치다. 창소기업을 짓밟는 것은 경제민주화 조항뿐만 아니라 자유시장경제 조항에서도 빗나가는 것이다. 119조 1항과 2항, 어느 쪽에 방점을 찍을 것인가를 놓고 이념싸움을 벌이는 것은 어리석은 일이다. 우리의 중소기업, 내일의 창소기업이라는 관점에서 보면 핵심은 간과한 채 논쟁을 위한 논쟁을 벌이고 있는 것에 지나지 않는다.

이번에는 복지를 보자. 확실한 것은 대한민국에서 계층 간 부의 편중 현상이 갈수록 심해지고 있다는 사실이다. 이는 중산층에 관한 데이터 하나만 살펴보아도 단박에 알 수 있다. 한국에서 본격적으로 중산층이 형성된 것은 1980년대 이후이다. '포니'로 상징되는 국산 자동차의 대중화, 거실에는 컬러TV, 주방에는 냉장고, 소비에서는 달걀이나 우유 보편화, 그리고 주거 형태는 성냥갑 같지만 그래도 내 집 마련, 그리고 명절이면 고향에 가고, 휴가도 즐기고, 가끔 외식도 한다. 이것이 우리네 중산층의 보편적인 모습이라고 할 수 있다. 국회예산정책처 자료에 따르면 이런 사람들(중산층)은 2003년 67.7%에 달했다. 그런데 2009년 62.6%로 축소됐다. 기간을 좀 더 넓혀보면 더 심각하다. 3만 8,000명을 대상으로 한 통계청의 '2011년 사회조사 결과'에 따르면 상류층이 1.9%, 중간층이 52.8%, 하류층이 45.3%였다. 23년 전인 1988년에는 중간층 60%, 하류층 36.9%였다는 것을 고려하면 중산층의 몰락이 괜한 말이 아님을 알 수 있다.

이러한 양극화는 실질적 소득분배가 악화됐기 때문이다. 한국은 OECD 국가 중 소득분배 악화 수준이 최상위권에 속한다. 저임금 근로자의 비중도 25.6%로 가장 높다. 4명 중 한 명이 비정규직, 임시직, 월급 100만 원 이하의 저임금 근로자인 것이다.[34]

통계청의 2010년 가계금융조사 자료에 따르면 소득계층을 5개로 나눴을 때, 소득 최하위 1분위의 순자산은 158만 원, 5분위는 7억 4,863만 원으로 무려 474배였다.

전 세계가 신자유주의의 풍랑에 멀미를 하고 있는 가운데 한국의 증세는 더 심했다고 할 수 있다.[35]

그 원인을 경제학자들은 첫째, 사교육비와 주거비 등 가계의 고비용, 둘째, 저임금 비정규직 노동자 증가, 셋째, 대기업-중소기업 간의 임금 격차 확대 등으로 꼽고 있다.

2013년 '힐링'이라는 단어가 한국 사회에서 유행했다. 우리가 힐링을 찾게 된 것은 신자유주의의 폐해 때문이다. 신자유주의 질서는 양극화와 중산층의 약화를 동반했다. 조기 퇴직, 청년 실업에 시달리는 사람에게 '힐링'이 필요한 건 당연한 일이다. 마찬가지로 전 세계적으로도 신자유주의 경쟁 사회 대신 '온기 있는 자본주의'에 관심을 두기 시작했다. 새로운 자본주의는 대기업은 사회적 연대의식을 가져야

---

34 같은 시기 일본은 15.4%, 스웨덴 6.4%였다.
35 신자유주의가 전 세계적인 현상이듯 계층 간 양극화도 마찬가지다. 2011년 미국에서는 빈부격차 심화와 금융기관의 부도덕성에 반발하면서 '월가를 점령하라(Occupy Wall Street)'는 시위가 펼쳐졌다. 미국 전역으로 확산됐으나, 뚜렷한 시위 목표를 제시하지 못한 한계를 남기며 73일 만에 막을 내렸다. 시위에서 미국 젊은이들은 도시빈민으로 전락한 자신들을 99%의 빈민층이라고 자조했다. '가진 자는 단 1%뿐이고, 가난하고 시달리는 사람들이 99%에 해당한다.'는 것이 이들의 주장이었다.

한다, 이윤과 성장은 계속 추구하되 사회유기체 모두의 건강과 공생을 대기업이 챙겨야 한다, 사회구성원 모두가 체감할 수 있는 따뜻한 자본주의, 즉 복지자본주의를 대기업이 앞장서서 추구해야 한다 등의 내용을 담고 있다. 프랑스의 경우는 정부가 2008년 석학들을 중심으로 위원회를 만들어 '자본주의 4.0'의 내용을 정리 발표하기도 했다. 그 핵심 역시 유사했다. '더 이상 GDP 성장만을 추구해서는 안 된다. 이제는 GNH(Gross National Happyness, 국민행복지수)가 중요하다.'였다.

이 대목에서 9988의 88에 주목해야 한다. 우리나라는 중소기업이 전체 고용의 88%를 담당하고 있다. 중소기업이 잘나가면 88%의 근로자가 행복해지는 것이다. 특히 창소기업을 끊임없이 배출하는 것은 복지의 격을 크게 올린다. 창소기업은 기존의 열악한 근무 여건을 당연시하는 중소기업과는 다르다. 대기업 못지않은 임금 및 복지와 근무 환경, 그리고 발전 가능성과 직업 성취도는 훨씬 더 높다. 특히 창소기업은 청년층과 고령층 고용에 큰 도움이 된다. 창소기업 없이 복지만을 강조하는 것은 '증세' 없이는 불가능하다. 미봉책인 것이다. 창소기업이 있어서 성장과 분배 두 마리 토끼를 모두 잡을 수 있는 것이다. 따라서 창소기업이야말로 한국이 전 세계에서 가장 성공적인 자본주의 4.0 시대를 활짝 열어젖힐 수 있는 키워드가 되는 것이다.

창소기업은
지역균형발전에 불을 지른다

마침 이 책의 원고를 한창 마무리하던 2013년 8월 26일이었다. 이날 한국감정원이 대구 혁신도시에 마련한 새 청사에서 업무를 시작했다는 내용이 주요 언론들을 통해 비중 있게 보도됐다. 전국 10개 혁신도시로 옮기는 157개 공기업 중에서 가장 먼저 이전한 것이다.

나는 앞으로 '지방 전성시대'가 온다고 확신한다. 그래야 국가경쟁력이 생긴다. 대구와 같은 혁신도시가 무려 10개다. 이명박 정부 때 잠시 오락가락하기도 했지만 혁신도시 등 지역균형발전 정책은 향후 더 가속화될 것이다. 지역균형발전은 시대의 대세인 것이다. 이는 정치적으로도 마찬가지다. 이것을 도외시하는 정치인은 살아남을 수가 없다. 수도권 아파트값이 계속 떨어진다고 난리인데 혹시나 투자할 곳을 찾는다면 지방에 과감하게 투자할 것을 권한다.

　그런데 지역균형발전은 혁신도시만으로는 부족하다. 즉 공공기관의 이주나, 정부 주도형 산업단지 조성은 한계가 있다. 자발적으로 높은 부가가치를 만들어내는 민간기업이 있어야 진정으로 지역경제가 살아난다. 예컨대 글로벌기업의 주요 생산시설이 들어서 있는 파주, 평택, 천안 등의 지역을 보라. 아니, 울산, 포항, 광양 등 아예 그 지역을 대표하는 산업시설을 갖고 있는 도시를 생각하면 더 쉽다. 우량기업이 해당 도시에 있다면 도시는 저절로 살아난다. 좋은 기업은 높은 부가가치를 바탕으로 많은 세금을 내고, 주변에 관련 기업을 끌어들인다. 당연히 이들 기업의 소속 근로자와 가족 등의 인구를 유입하고, 여기서 다시 소비가 발생하고, 도시 경제가 살아나는 것이다.

　문제는 대기업은 진정한 지역균형발전을 이끌 수 없다는 사실이다. 대기업 본사는 대부분 서울이나 수도권에 위치하고 있고, 생산·유통 시설을 지방에 두는 정도다. 그나마 이런 대기업의 지방 시설도 지역균형발전에 걸맞게 전국 방방곡곡에 유치하기에는 턱없이 부족하다.

　따라서 결론은 창소기업이다. 어느 지방도시를 가도 중소기업은 있다. 이들을 도외시한 채 대형 공기업이나 대기업 유치에만 매달리는 것은 온당치 않다. 각 지자체별로 창소기업 창업을 유도하고, 적극 지원하면 이 과정에서 지방도시의 경제를 이끌 우수한 기업이 나오기 마련이다. 지역에 뿌리를 둔 창소기업은 쉽게 타 지역으로 옮기지 않을 것이고, 지역의 우수한 인재를 우선적으로 고용하고, 또 해당 지역에서 투자와 소비를 해결한다. 지역의 고용 증진과 경기 부양, 지방대학 활성화 등 창소기업이 지역에 가져다주는 효과는 실로 지대하다.

따라서 지방정부가 창소기업 육성을 지역경제정책의 최우선에 두어
야 함은 당연하다.

대구는 전통적으로 섬유산업이 유명하다. 섬유업을 하는 중소기업
도 아주 많다. 그런데 이 대구 섬유산업에서도 창소기업의 중요성을
확인할 수 있었다. 우리 중소기업지원센터의 회원사 중 섬유업을 하
는 CEO 한 분에 따르면 날로 쇠약해지는 대구 섬유산업을 세계적으
로 키우기 위해 '밀라노 프로젝트' 등이 시행되고, 예산도 수조 원이
투입됐다고 한다. 그러나 이런 육성책에도 불구하고 실패한 기업이
많다고 한다. 그런데 지금도 높은 경쟁력을 유지하며 살아남은 기업
은 창소적인 요소를 기업 경영에 투입한 회사들이다. 신소재 개발, 공
정 첨단화, 방염·방재 등 기능성 섬유 개발 등으로 진취적으로 앞서
간 기업만이 대구 섬유산업을 이끌고 있다. 반면 예전 방식으로 가격
경쟁력 등에 의존했던 과거 섬유기업은 다 도태됐다고 한다. 개인적
으로 대구 섬유산업이 예전만 못한 것으로 알았는데 창소적 요소를
살린 섬유기업들은 지금도 국제적으로 맹위를 떨치고 있는 것이다.
이는 왜 창소기업이 중요한지, 그리고 창소기업이 지역경제에 어떻게
공헌하는지를 잘 보여주는 현실의 사례이다.

창의적인 소립자를 가진 창소기업이 대한민국을 이끌어야 미래 먹
거리를 창조할 수 있다. 그리고 그 시작은 서울이나 수도권이 아니라
지방에서 불이 지펴져야 한다. 전국에 창소기업이 우후죽순처럼 자라
는 장면을 상상해보라. 이것이 진정한 지역균형발전인 것이다.

창소는 무한하다

이 파트에서는 녹록지 않은 여건이었지만 이미 한국에서 창소기업으로 성공한 사례를 찾아볼까 한다. 신자유주의가 무너지기 전이고, 창조경제와 창소기업의 중요성이 지금과 같지 않았지만 이들은 창발적인 아이디어의 기업화에 성공했다. 중요한 것은 이 같은 사례, 혹은 이런 성공을 노리는 시도가 우리 주변에서 흔하게 찾을 수 있는 사회가 되어야 한다는 것이다.

혹시나 창소기업 하면 '일부 과학자나 공대생 혹은 사업가의 몫이지 나는 아니야.'라고 생각하기 쉬운데 절대 그렇지 않다. 윤종록 미래창조부 차관은 "1% 과학자보다 99% 국민의 상상력 실현이 창조경제."라고 말한 바 있다. 창소기업도 마찬가지다. 누구나 좋은 아이디어를 고민하고, 또 아이디어가 있다면 언제든 창소기업에 도전할 수 있는 문화가 중요한 것이다.

세상에 없는 가전제품을 만드는 '줌마렐라 신화'

"필자도 주부들을 걸레질이라는 고된 가사노동에서 해방시키기 위한 작은 아이디어 하나로 최초의 한국형 '스팀청소기'를 개발하고 세계를 무대로 첫 성과를 이루었을 때 감히 다시 누리지 못할 뿌듯함을 느꼈다. 또한 최근 '진동 파운데이션'을 통해 누구나 쉽고 빠르게 피부에 밀착되고 빛나는 베이스 메이크업이 가능한 스마트 뷰티 제품으로 큰 관심을 받고 있다. 이처럼 창의력을 통해 시장을 이끄는 것이 진정한 경쟁력이라는 것을 다시 한 번 느끼고 있다.

부모의 유산이 아닌 자신의 힘으로 성공을 거둔 자수성가형 사업인인 한경희 대표가 창조경제와 관련해 2012년 한 신문에 기고한 칼럼 중 일부다. '아이디어', '최초', '창의력' 등의 단어가 우리가 여기서 애기하는 창조기업과 꼭 맞아떨어진다.

한경희 대표는 36세이던 1999년 자기 이름을 건 브랜드로 스팀청소기를 내세워 창업했다. 그리고 10년 만에 세계가 인정하는 여성 CEO가 됐다. 2008년 미국의 〈월스트리트 저널〉이 선정한 '주목해야 할 여성 기업인 50인'에 뽑혔고, 2009년에는 〈포춘〉으로부터 '2009년 가장 영향력 있는 여성 서밋'에 초청받았다. 2012년에는 〈포브스

아시아〉의 '아시아 파워 여성 기업인 50인'에 선정됐고, 같은 해 〈뉴스위크〉가 발표한 '2012년 세계를 움직이는 여성 150인'에 이름을 올렸다. 2011년에는 《너무 늦은 시작이란 없다》는 자서전이 베스트셀러가 되기도 했다.

한 대표의 성공은 창소기업의 모범으로 불릴 만하다. 대학에서 불문학을 공부한 그녀는 좁은 한국을 벗어나 일찌감치 외국으로 나가 취업하고, 공부했다. 한국으로 돌아와 잠시 교육공무원 생활을 했지만 그녀는 어쨌든 '과학·기술'과는 거리가 먼 주부였다. 그런데 참신한 아이디어 하나로 창업에 나섰고, 대성공을 거둔 것이다.

"무릎 꿇고 걸레질하는 게 너무 힘들어서 스팀청소기를 개발했고, 쭈그려 앉아 다림질하는 게 고역이라서 스탠드형 스팀다리미를 개발했다. 그리고 행주나 도마 같은 거 소독하는 게 번거로워서 친환경 살균기도 만들었다."

한 대표는 생활에서 제품이 나오기 때문에 집안일을 하지 않을 수가 없었다고 한다. 그래서일까 포털사이트에 한경희를 치면 연관검색어로 참 많은 생활용품이 뜬다. 에어프라이어, 광파오븐, 스팀다리미, 스팀청소기, 카매트, 식품건조기, 칫솔살균기, 침구킬러, 미네랄정수기, 마그네슘팬, 오엔(화장품) 등. 아이디어를 먼 곳이 아니라 가장 가까운 곳에서 찾아낸 것이다.

그녀가 자신의 이름을 걸고 설립한 한경희생활과학은 1,000여 명의 직원이 근무하고, 1,500억 원의 연매출을 올리면서 미국과 중국에 지사를 설립한 중견기업으로 성장했다. 대표 히트작인 스팀청소기, 스팀다리미는 2011년 기준으로 국내시장 점유율이 각각 87%, 89%를 기록했다. 삼성, LG 다음으로 인정받는 브랜드가 된 것이다. 미국에서도 빅히트를 쳤고, 이제는 세계 최고의 가전생활용품회사가 되는 것을 목표로 삼고 있다. "앞으로도 세상에 없는 가전제품들을 지속적으로 출시해 인류의 삶의 질을 높이는 데 기여하고 싶다."고 한다. '세상에 없는 제품을 만든다.' 이것은 창조경제 및 창소기업의 핵심가치다.

한경희 대표는 또 "새 정부에 미래창조과학부가 생겼다. 우리도 창조적인 아이디어를 제품으로 연결해 사람들의 창업을 도와주려 노력하고 있다. 사업 초창기에 고생을 많이 해 창업 환경이 얼마나 열악한지 잘 안다. 초기에는 모든 걸 내던지고 회사를 차리는 게 어렵기 때문에 기업의 도움이 큰 힘이 된다. 아이디어만 있으면 일을 계속 하면서도 제품화를 시도할 수 있다."고 말했다. 실제로 한경희생활과학은 한 중학생의 아이디어를 제품화한 '백 솔루션'(자세교정 책걸상)을 내놓기도 했다. 소비자의 아이디어마저 제품화한 것이다.

'누구나 아이디어만 있으면 제품화를 시도할 수 있다.' 이는 곧 창의력이 있으면 누구나 창업해야 한다는 창소기업의 명제와 동일하다. 한경희 대표의 말 한마디 한마디는 꼭 창소기업 전도사 같기만 하다.

한편 그녀의 창업 초창기 일화는 현재 우리의 창업 여건이 얼마나 열악한지 여실히 보여주기도 한다.

'주부의 꿈'을 실현시키기 위해 사업을 시작했다. 그런데 내가 시작할 때만 해도 여자가 사업을 한다는 건 정말 힘들었다. 정부 지원 사업자금

신청을 했더니 사업성 평가를 위해 컨설턴트가 나왔다. 그분이 던진 첫 마디가 '남편이 대체 무슨 사업을 하다가 부도를 내서 당신이 바지 사장을 하느냐. 내가 사무실에 들어가서 주민등록번호만 두드리면 다 나오니까 실토해라.' 였다. 당시에는 벤처 붐도 일고 있었고, 나름 공무원 출신이라 신용도 있으니 남들보다 쉬울 줄 알았다. 그런데 담당자들이 모두 남자들이라 스팀청소기의 콘셉트 자체를 이해하지 못했다. '진공청소기가 있는데 누가 스팀청소기를 사겠느냐?' , '엔지니어링에 대한 백그라운드도 없는 여자가 이런 사업을 할 수 있겠느냐?' 등등 모든 면에서 나는 낙제 점수를 받을 수밖에 없었다.

만일 그녀가 그때 좌절했다면 지금의 한경희 신화는 없었을 것이다. 그리고 어느 사회학자가 '입식 부엌이 도입된 이래로 남녀평등에 가장 많이 기여한 사람' 이라고 평가한 한경희 대표는 평범한 아줌마로 살았을지도 모른다. 한 대표는 성공했지만 혹시나 얼마나 많은 '다른 한경희' 가 현실의 장벽에 좌절했을까? 그런 생각을 하면 안타까움을 금할 수 있다. 그래서 더 많은 한경희가 나올 수 있도록 우리 사회를 창소기업하기 좋은 사회로 만들어야 하는 것이다.

넥슨 그리고 한국의 게임산업!

젊은 세대와 기성세대를 구분하는 질문이 하나 있다고 한다. "넥슨?" 하면 중장년층은 "넥센(타이어회사)이요?"라고 되묻는 경우가 많다. 반면 젊은 세대는 "짱이죠! 저는 ○○○해요"라고 답한다. ○○○에는 도타2(Dota2), 마비노기, 던전앤파이터, 메이플스토리, 카트라이트, 바람의 나라[36], 크아비엔비, 카운터스트라이크 등 무슨 암호 같은 게임 이름들이 거론된다.

그렇다. 넥슨은 한국의 국가대표 게임회사다. 수치로 잡히는 규모에서는 미국, 중국 회사에 이어 세계 3위지만 실질적인 측면에서는 세계 정상을 다투는 게임 기업이다. 2011년 주식시장에 상장할 때도 세계시장 진출에 유리한 일본 도쿄증시를 택했을 정도다.

한국 제주도에 지주회사를 두고, 일본에 본사가 있으며, 한국·미국·유럽·중국 등에 지사를 둔 넥슨은 확실한 창소기업으로 출발해 세계적인 기업으로 성공했다. 2013년 가을 스티브 잡스의 일대기를 다룬 영화 〈잡스〉가 화제를 모은 바 있는데 한국에서 잡스와 비슷한 인물을 찾는다면 안철수나 이찬진이 아닌 단연 넥슨의 창업주인 김정주가 될 것이다. 성공의 크기나 시대를 앞서가는 창의력, 그리고 항상 새로움을 추구하는 경영 스타일 등에서 김정주가 월등하기 때문이다. 아니 잡스가 독선적인 경영으로 한때 아픔을 겪은 반면 '은둔의 CEO' 김정주는 사람을 중시하는 경영철학이 빛을 보고 있는 만큼 오히려 더 나은 측면도 있다. 어찌 보면 소소한 에피소드는 김정주가 잡스보다 더 많을지도 모르겠다.

---

36 1996년 출시된 세계 최초의 그래픽 온라인 게임이다. 한국이 '온라인게임 종주국'으로 불리는 것도 이 게임 덕이다. 2011년 9월 최장수 상용화 그래픽 MMORPG로 기네스북에 등재되기도 했다.

국내 출판계에서 자서전을 잡기 위한 물밑경쟁이 치열하게 벌어지고 있는 김정주의 삶을 잠깐 들여다보자. 그의 삶이 곧 넥슨의 성장사이고, 또 그것이 우리가 좇는 창소기업의 모습과 동일하기 때문이다.

서울대 컴퓨터공학과를 졸업하고 1993년 카이스트에 다니던 25살의 청년 김정주는 박사과정을 6개월 만에 그만뒀다. 학업보다는 창업에 관심이 많았기 때문이다. 다음해인 1994년 넥슨이 세워졌고, 김정주는 17년 만인 2011년 〈포브스〉가 발표한 '세계 억만장자' 순위에 이름을 올렸다.[37]

컴퓨터 수재가 세계 게임업계의 기린아이자 억만장자가 된 것이다. 더 놀라운 것은 무차입 경영이다. 넥슨은 설립 초기를 제외하고 지금까지 은행 빚은 물론 외부 투자 없이 자기 자본으로만 성장해왔다. 성공도 이런 성공이 없는 것이다.

사실 어려움도 있었다. 1994년 넥슨 신화의 시작이 된 '바람의 나라'를 제작할 당시 넥슨은 직원들 월급을 주기 힘들 정도로 재정 상황이 악화됐다. 창업자금과 투자받은 돈도 바닥을 보였다. 위기였다. 이때 김정주는 잠시 소프트웨어 개발 용역에 뛰어들었다. 이는 소프트웨어 업계에서 속칭 '노가다'라고 불리는 단순노동이었다. 하지만 노

---

37 미국 경제전문지 〈포브스〉가 2011년 3월에 발표한 '억만장자(The World's Billion-aires)' 순위. 2011년 3월 순자산 기준으로 김정주는 20억 달러(당시 한화 약 2조 3,000억 원)의 재산을 보유, 전체 1,211명 중 595위를 기록했다. 20억 달러는 국내 7위로 최태원 SK그룹 회장, 신동빈 롯데그룹 회장과 같고, 구본준 LG그룹 부회장(10억 달러, 1,140위, 국내 16위)의 두 배에 달하는 액수였다. 한편 2013년 7월 재벌닷컴의 조사에 따르면 김정주의 개인 재산은 총 1조 9,020억 원으로 국내 '1조 원 클럽' 28명 중 전체 11위이고, '자수성가형 부자'로는 1위에 올랐다.

가다로 번 돈으로 넥슨은 숨을 돌렸고, 홈페이지 제작 사업까지 뛰어들었다. 현대자동차, 한국IBM, SK텔레콤 등 대기업 홈페이지를 잇달아 제작하며 경영에 안정을 찾았고, 이후 바람의 나라가 수익을 내면서 넥슨은 본업인 게임에 매진할 수 있게 됐다.

현재 김정주의 공식 직함은 넥슨의 지주회사인 NXC 대표이사다. 지금도 1년 중 3/4은 외국으로 나가 전 세계 게임회사를 둘러보고, 시장의 흐름을 파악한다. 그래서 임원들도 그가 어디 있는지 모르는 경우가 허다하고, 심지어 회사 경비가 김정주의 출입을 막았다는 유명한 일화도 생겼다. 누구보다 바쁘고 또 아직도 넥슨의 중요한 전략과 결정은 반드시 김 대표를 거친다. 그간 김정주 대표의 경영을 보면 창소기업이 어때야 하는지를 짐작할 수 있다.

먼저 M&A는 그의 사업적 감각의 절정을 보여준다. 넥슨은 2008년 '던전앤파이터'의 개발사 네오플을 시작으로 게임하이, 엔도어즈(이상 2010년), JCE, 엔씨소프트(지분) 등을 연달아 인수했다. 약 3,800억 원 정도로 추정되는 네오플 인수 금액은 당시 게임업계에 충격을 줬다. '좀 과하지 않냐?'는 것이었다. 그런데 이후 넥슨은 중국 시장에서 던전앤파이터 하나로 인수 금액을 뛰어넘는 매출을 올렸다. 또 2012년 6월 엔씨소프트의 지분 14.7%를 전격 인수한 것도 파격적이었다. 시장을 내다보고, 시대의 흐름을 읽는 선구안이 남다른 것이다.

또 주목할 만한 김정주 대표의 경영철학 중 하나는 기업의 '장기 레이스'를 중시한다는 점이다. 일부 성공한 벤처기업가들이 보이는 한탕주의를 배격한다. 즉 아이템 하나로 승부를 걸었다가 잘되면 지분을 매각해 현금을 챙기고, 안 되면 금방 포기하는 식으로는 성공하기 힘들다는 지론이다. "'남의 돈 투자 받아 몇 년 안에 어떻게 해보겠다.' 는 생각을 버려야 한다." 창소기업 예비창업자들이 명심해야 할 대목이다.

독창성도 넥슨의 정신 중 하나다. 김 대표는 "'유행하는 게임을 조금만 고쳐서 내놓으면 되지 않을까?' 하면 절대 안 되는 게 게임 시장이다. 누가 봐도 '이게 되겠어?' 하는 것을 만들어야 성공할 수 있다."고 말했다. 앞서 한경희 대표의 '세상에 없는 제품을 만든다' 와 일맥상통하는 창조정신이다.

김정주 대표는 마케팅 전략에서도 창의성을 발휘한 바 있다. 넥슨은 인터넷 보급 초창기였던 1999년 당시 온라인게임 '퀴즈퀴즈(현 큐플레이)' 에 세계 최초로 '부분유료화(Free to Play)' 라는 창의적 비즈니스 모델을 내놓으며 급성장했다. 이 부분유료화 모델은 이후 EA, 블리자드, 징가, 킹 등 글로벌 대형 게임사들뿐 아니라 최근 모바일 응용프로그램(애플리케이션 · 앱) 개발사들도 도입할 정도로 온라인 게임수익모델의 대세가 됐다.[38]

여기에 그는 항상 좁은 한국에 안주하지 않고, 늘 세계시장을 내다본다. 2013년 5월 제주도의 과학영재들에게 강연할 때도 세계지도를

---

38 북미 게임업계도 부분유료화를 높게 평가한다. IT매체인 〈테크크런치〉는 '넥슨은 혁신적인 수익 모델인 부분유료화를 도입하고 정착시킨 선구적인 온라인 게임회사' 라고 소개했고, 〈포브스〉는 "무료로 게임을 서비스한 후 수익을 창출하는 부분유료화 모델을 정착시킨 넥슨이 게임 시장의 트렌드를 이끌고 있다."고 평가한 바 있다.

펴놓고 "세계로 시선을 돌려야 한다."고 강조했다. 실제로 지금 넥슨의 목표는 글로벌 게임시장의 평정이다. 앞서 언급한 넥슨의 일본 상장도 이런 이유에서다. 김 대표는 '협소한 국내시장에 비해 도쿄, 나스닥, 뉴욕 시장은 몇 배 이상 차이가 나는 큰 시장이다. 훨씬 안정적이고 큰 시장에서 제대로 해보고 싶다는 마음을 가지게 됐다. 일본 상장은 큰 그림을 그리기 위한 한 단계일 뿐이며, 향후 전 세계 주요 국가에 넥슨 지역법인을 설립할 계획'이라고 말했다. 지금까지의 성공도 경이적인데 아직도 그는 히딩크 감독의 말처럼 '나는 아직도 배가 고프다(I'm Still Hungry).'고 하는 것이다.

김정주 대표의 개인적인 삶도 평범하지 않다. 넥슨이 자리를 잡아가던 2000년 초 그는 넥슨의 경영 일선에서 갑자기 물러났다. 그리고 엉뚱하게도 '연극'에 몰입했다. 취미를 즐기는 수준이 아니라 아예 한국예술종합학교 예술경영학과에 입학했고, 대학로에 소극장을 인수해 연극인의 길을 걸었다. 직접 배우로 무대에 서기도 했다. 이밖에도 문득 스페인으로 날아가 걷기에 도전하고, 집이 있는 제주에서도 툭하면 한라산이나 주변 오름을 오르곤 한다. '김정주를 만나고 싶으면 한라산으로 가라.'는 말도 그래서 나왔다.

2013년 7월 27일 눈길을 끄는 뉴스가 하나 있었다. 국내 최고 수준의 컴퓨터박물관이 제주에 개관했다는 내용이었다. 박물관의 이름은 넥슨컴퓨터박물관. 지하 1층, 지상 3층, 전체면적 2445.68㎡ 규모의 박물관은 컴퓨터의 과거와 현재, 미래를 한 곳에서 볼 수 있는 곳이다.

스티브 잡스의 애플이 처음으로 만든 컴퓨터인 '애플I'을 비롯해 처음으로 PC라 불린 IBM의 컴퓨터와 금성·대우전자·삼성전자의 옛 PC까지 다양한 과거 컴퓨터들과 과거 추억의 게임, 오락기기 등을 볼 수 있다.

이곳은 김정주 대표가 각별한 애정을 들여 만들었다. 전 세계를 다니며 소장품을 수집했고, 작동하는 게 6대밖에 없다는 애플I은 구입이 가능하다는 얘기를 듣고 바로 뉴욕으로 날아갔다. 이런 식으로 4년간 4,000여 점을 모았다. 김 대표는 이 박물관을 잘 운영하기 위해 자회사(NXCL)까지 설립하고, 이 분야 최고의 전문가를 대거 영입했다. 심지어 평소 언론 노출을 꺼려 '은둔의 경영자'로 불리는 그가 박물관 개관을 알리기 위해 15년 만에 공식 기자회견까지 주도했다.

"1982년 중학생 때 교보문고 매장에서 컴퓨터를 처음 접했다. 그 순간을 지금도 잊을 수 없다." 이제는 세계적인 컴퓨터박물관까지 세운 김정주 대표의 말이다.

세계적인 온라인 게임회사인 넥슨[39]은 창소기업의 성공 사례로 부족함이 없고, 또 그 성공은 아직도 현재진행형이다. 제2, 제3의 중학생 김정주가 지금 엉뚱한 상상을 하고 있다는 생각을 하면 기분이 좋

---

[39] 국내 제조업체들이 패스트 팔로어에 머물러 있던 1990년대부터 한국의 게임업계는 퍼스트 무버로 세계시장의 트렌드를 이끌었다. 최근에는 세계에서 가장 빨리 전국 상용화를 시작한 롱텀에볼루션(LTE)에 힘입어 모바일게임 강국으로 재도약하고 있다. 모바일 메신저 카카오톡을 기반으로 1,000만 명 이상이 즐기는 모바일게임을 잇달아 탄생하고 있다. 이들 게임은 하루 최고 매출 10억 원 이상을 올리며 게임사들의 신성장동력으로 자리매김했다. 넥슨도 모바일게임에 대대적인 투자를 하고 있고 컴투스, 게임빌 등 한국에는 세계적인 모바일게임회사가 있다.

아질 정도다. 넥슨을 필두로 한 한국의 게임업계는 창조경제의 전형
이라고 해도 과언이 아니기 때문이다.

대한민국 공인 창조경제 기업
- 골프존 -

1993년이었다. 15년간 몸담았던 삼성전자를 떠날 때 김영찬 씨의 나
이는 47세였다. 먹고살기 위해 벤처회사를 차렸고 근근이 버텼지만
1997년 말 외환위기가 닥치며 속절없이 접고 말았다. 아직 무엇인가
를 해야 할 때, 다음 사업을 구상하던 그에게 퍼뜩 생각이 하나 떠올
랐다. '내가 좋아하는 골프와 10년 넘게 한 우물을 판 정보통신을 접
목하면 뭔가 재미있는 게 나오지 않을까.' 이 고민은 적은 돈으로 간
편하게 즐기지만, 내용은 실전이나 다름없는 박진감이 넘치는 실내골
프로 연결됐다. 그래서 탄생한 것이 바로 스크린골프. 저녁식사 후 도
심 골목에서 즐기는 스크린골프는 큰 이동 없이 바로 샷을 할 수 있다
는 점에서 속도감은 오히려 필드골프보다 한 수 위였다. 그리고 가벼
운 술자리나 배달음식을 곁들일 수 있다는 것도 크게 어필했다. 요즘
직장인들이 퇴근하는 시간에는 빈 방을 구하기 어렵다는 스크린골프
는 국토가 좁은 한국에서 진정 골프를 대중화시켰다는 평가를 받는
새로운 문화의 창조였다. 이 스크린골프 열풍의 한가운데에 골프존의
김영찬 대표가 있다. 2000년 5명의 직원으로 시작한 골프존은 450여
명 직원에 매출액 2,700억 원(2012년 기준)을 자랑하는 탄탄한 기업으

로 성장했다. 2011년 5월에는 코스닥 상장과 동시에 시가총액 1조 원을 넘어서는 기염을 토했다(코스닥 시가총액 순위 10위권). 골프존이 주도한 스크린골프 시장에서 그동안 새롭게 만들어진 일자리만 해도 3만 개에 달한다. 골프를 스포츠가 아닌 오락의 영역으로 발전시켰다는 평가를 듣고 있는 골프존은 한국 중소도시 어디를 가도 그 간판을 쉽게 찾을 수 있고, 이제는 해외로까지 뻗어나가고 있다.

창조경제를 주창한 박근혜 정부가 출범할 무렵 우리나라 라면시장에는 '짜파구리' 바람이 불었다. 한 대학생이 짜파게티와 너구리의 면발이 동일하다는 것에 착안해 두 라면을 혼합해 끓이는 레시피를 개발했는데 이것이 방송을 타면서 라면 판매 순위를 바꿔놓을 정도로 선풍적인 인기를 끈 것이다. 그리고 이 짜파구리는 앞서 설명한 융합의 대표적 사례로 언급되면서 창조경제의 상징으로까지 부상했다. 실제로 2013년 3월 새 정부의 창조경제를 구상했다는 평가를 받는 김창경 전 교육과학기술부 차관(한양대 교수)은 언론 인터뷰에서 "시골의 할머니, 할아버지도 무엇이든 한 가지씩은 자신만의 비법을 갖고 있다. 최소한 라면 끓이는 비법, 이를테면 '짜파구리' 같은 것 말이다. 이런 비법을 활용해 한 달에 만 원이라도 벌어들일 수 있다면, 그것이 바로 창조경제다."라고 말했다. 나름 재미있는 비유이고, 일리도 있지만 좀 투박하고, 창조경제의 전부를 설명하지 못했다는 점에서 한계가 있었다.

그래서일까, 2달 뒤인 2013년 5월 3일 최순홍 청와대 미래전략수석은 보다 세련된 창조경제 사례를 들고 나왔다. 싸이(가수), 페이스북, 구글, 애플, 카카오톡, 애드투페이퍼, 골프존, 러브팟가습기 등 국내외 기업이 창조경제 타이틀을 얻었다. 이중 페이스북(SNS+IT), 아이폰(문화+ICT), 싸이(문화+ICT), 카카오톡(SNS+ICT), 골프존(스포츠+과학기술)은 창조의 핵심 요소인 융합을 제대로 접목했다는 평가를 받았다.

그러자 미래창조과학부는 5월부터 창조경제종합포털(www.creativekorea.or.kr)에서 골프존을 창조경제 대표 사례로 선정, 집중적으로 소개하기 시작했다. 골프존은 ICT와 골프 연습장을 접목해 누구나 쉽게 즐기는 스크린골프라는 새로운 사업을 만든 것으로 공인받은 것이다. 즉 '대한민국 창조경제의 대표 기업'이 됐다고 할 수 있다.

골프존 신화는 '융합'으로 시작해 '기술력'으로 완성됐다는 점에서 창소기업과 직결된다. 골프존이 개발한 골프 시뮬레이터(GS)는 골프 선수들이 주로 사용하는 스윙 교정용 기계에서 힌트를 얻었다. 여기에 몇 가지 정보통신기술(ICT)을 덧붙이면서 좁은 방에서 마치 필드를 누비는 것과 같은 효과를 내는, 세상에 없던 기계를 만들어냈다.

김영찬 골프존 대표는 경영자이기에 앞서 철저한 기술자이다. 삼성전자 시스템 사업부에서 근무한 김영찬 대표는 시스템 연동기술에 관해 탁월한 전문성을 갖고 있었다. 그리고 이후 게임 업체 근무를 통해 3D 그래픽 기술을 구현한 탄탄한 개발진의 도움도 받을 수 있었다.

물론 어려움도 있었다. 천신만고 끝에 2002년 처음 제품을 내놓았지만 반응은 미지근했다. 뛰어난 제품을 알리는 것 자체가 어려웠다. 그래도 기술 개발을 소홀히 하지 않았다. 골프존이 보유한 골프 시뮬레이터 관련 특허는 92건에 달한다. 이후 2003년부터 스크린골프장이 생기면서 당시 업체 중에서 가장 우수한 기술력을 갖춘 것으로 평가받던 골프존이 두각을 나타내면서 돌파구가 뚫렸다. 이후 골프존은 스크린골프의 대명사가 될 정도로 80%에 육박하는 시장점유율을 보였다. 한마디로 기술의 승리였던 것이다.

골프존의 아이디어 및 기술개발은 현재진행형이다. 타석에 기울기를 도입하고, 네트워크 연결로 순위경쟁을 접목하는 등 끊임없는 신기술로 스크린골프가 실제 골프만큼 재미있다는 인식을 퍼뜨렸다.

이제 골프존은 하나의 문화가 되었다. 전국 규모의 아마추어 스크린골프 대회가 계속해서 열리고 있고, 심지어 상금까지 걸린 프로 대회가 개최된다. 예전 같으면 비용 부담으로 인해 골프를 엄두도 내지 못했던 20, 30대 젊은 층이 쉽게 골프채를 휘두른다. 그리고 한국을 넘어 이제는 일본·중국·캐나다·대만에 현지법인을 설립하는 등 한국의 새로운 ICT 문화로 세계에 진출하고 있다. 또 온라인 골프 기업이 골프연습장과 골프장을 인수하고, 골프아카데미센터를 여는 등 토털 골프 문화기업으로 성장하고 있다. '세상에 없던 골프 문화를 만들겠다.' 던 김영찬 대표의 꿈이 현실화되고 있는 것이다.

워낙에 골프존의 시장지배력이 크다 보니 최근에는 창조경제를 대표하는 골프존이 독점적 지위를 내세워 '갑(甲)'의 횡포를 부리고 있다는 의혹을 받기도 했다. 이는 창소기업이 대기업으로 성장하면서 겪을 수 있는 위험 요소 중 하나로 골프존은 물론 다른 창소기업도 조심해야 할 일이다.

마지막으로 골프존이 한층 믿음직스러워 보이는 사업을 하나 소개한다. 2013년 8월 26일 골프존은 벤처창업보육센터 개관식을 가졌다.

골프존이 벤처 선도기업으로서 사회 환원을 위해 후배 벤처기업 육성에 나선 것이다. 이 센터는 벤처사업을 시작하는 공간이라는 의미를 전하기 위해 'TBox'로 명명됐다. 서울 골프존타워의 4, 5층 2개 공간 총 290평에 최대 13개의 사무공간, 6개의 회의실, 카페테리아, OA 공간 등으로 구성되는 등 하드웨어가 제법 좋다. 시작부터 '포머스팜', '랭귀지마트', '파라노이드조이', '헥사팩토리' 등의 벤처기업이 입주했다. 시설 사용뿐 아니라 엔젤투자 유치, 골프존과의 연계 등의 지원도 받는다.

"세상에 없던 새로운 골프 문화 콘텐츠를 창조한 골프존만의 성공 DNA를 후배 벤처기업들에게 전수해 탄탄하게 성장할 수 있도록 돕겠다." 이날 개관식에서 김영찬 대표가 한 말이다. '성공한 창소기업은 새로운 창소기업을 지원한다.'는 명제마저도 골프존이 먼저 실천하고 있는 것을 보면 기분이 좋지 않을 수 없다.

K팝과 3D프린터

가수 싸이도 박근혜 정부가 언급한 창조경제의 사례에 포함됐다. 그런데 내 생각은 좀 다르다. 싸이가 아니라 '소녀시대'가 더 적당하다. 이유는 간단하다. 싸이는 가수 한 명의 개인기에 의존한 측면이 강하다. 싸이는 어려서부터 튀는 것을 좋아하고, 즐길 줄 알고, 또 남들이 아무리 B급 같다고 폄하해도 고집스레 이런 자기만의 음악 세계를 지켜왔다. 이것이 한국을 넘어 세계인들에게 크게 어필한 것이다. 뛰어난 한국 가수 한 명이 월드스타가 된 것으로 이해하면 된다. 싸이는 오히려 후발·모방·개선의 패스트 팔로어 성공 패턴과 닮았다.

그런데 소녀시대로 대표되는 한국의 아이돌 육성 시스템은 창소기업으로 손색이 없다. '공장에서 찍어내는 것 같다.'는 외국 언론의 지적은 오히려 욕이 아니라 경제적 측면에서 보면 체계화된 시스템에 대한 칭찬으로 이해할 수 있다. 싸이는 한 사람으로 끝날 수 있다. 그것도 후속 히트곡이 없다면 원 히트 원더에 지나지 않는다. 그러나 소녀시대는 계속해서 나온다. 2013년 여름 직렬 5기통 춤으로 한국은 물론이고 일본과 미국에서도 큰 인기를 누리고 있는 크레용팝 등 한국의 아이돌은 그 탄탄한 시스템으로 인해 끊임없이 나올 수 있는 것이다. 수년 혹은 10년이 넘게 준비해 비주얼과 실력을 갖춘 연예인을 만들어내는 시스템은 세계적으로 한국이 유일하다.

이런 측면에서 'K팝 신드롬'의 주춧돌을 놓은 SM엔터테인먼트의 이수만 사장은 대단하다. 시대를 꿰뚫어보는 안목으로 한국형 연예 비즈니스를 개발한 것이다. 물론 이를 잇는 JYP의 박진영, YG의 양현석 등도 마찬가지다.

사실 창소의 사례는 무궁무진하다. 따지고 보면 모든 성공한 비즈니스는 그 출발이 창소였다고 범위를 확장할 수도 있다. 그리고 이런 창소는 한국뿐 아니라 전 세계에서 지금 이 순간에도 계속되고 있다.

비근한 예로 오바마 미국 대통령을 흥분시킨 셰일가스와 3D프린터가 있다. 셰일가스는 땅속에 묻힌 가스로 프래킹이라는 신기술 덕분에 향후 미국을 에너지 수입국에서 에너지 독립국가로 만들 것이라는 기대를 전하고 있다.

전문가들 사이에서 '3차 산업혁명'으로 불리기도 하는 3D프린터는 이미 전 세계적으로 그 열풍이 거세다. 1984년 미국이 세계 최초로 개발했는데 이후 미 정부의 강력한 육성책으로 후발주자들과의 격차를 벌려나가고 있다. 산업생태계는 물론이고, 집집마다 가정형 3D프린터가 놓여 일반인들의 삶도 크게 변화시킬 것이라는 평가를 받고 있다. 현재 미국은 물론 유럽연합도 저성장을 해소할 기회로 3D프린터를 내세우고 있고, 일본·중국도 민간 차원에서 정부 주도로 그 육성책을 바꾸고 있다. 현재 기술 수준은 미국-일본-독일-중국 순으로 한국은 아직 걸음마 수준이라고 한다. 분발이 요구되는 분야다.

이밖에도 한국이 큰 경쟁력을 보유한 무선 충전 기술과 로봇 산업,

---

40 2013년 7월 〈뉴욕 타임스〉는 미국 과학계가 '먹는 컴퓨터(ingestible computer)' 개발에 눈을 돌리고 있다고 보도했다. 이에 따르면 신생기업 프로테우스디지털헬스(PDH)는 알약 컴퓨터를 개발했다. 각종 센서와 연산장치를 내장한 PDH 알약을 복용하면, 알약이 혈액 순환 정도나 체온 등을 의료진에게 자동으로 보내준다. 이 알약 컴퓨터는 별도 배터리 없이도 인체 내부 메커니즘을 이용해 전기를 얻는다. 또 미국 HQ사가 만든 먹는 컴퓨터 '코템프(CorTemp)'는 이미 소방관, 축구 선수, 군인, 우주 비행사가 사용한 바 있다. 코템프는 배터리 내장형으로 환자의 몸을 돌아다니며 실시간으로 체온을 의사에게 전달해준다.

41 한국 땅에서 위성까지 쏘아 올렸지만 한국은 아직 '우주 후진국'이다. 우주항공분야 투자액은 미국의 1/180에 불과하는 등 한국의 우주 개발은 러시아와 미국 등 우주 개발 선진국에 비하면 40년이나 늦었다. 심지어 중국·일본과의 격차도 크다. 2008년 4월 이소연 씨를 첫 우주인으로 배출했지만 이것도 아시아 7번째다. 우주항공 산업은 그 과정에서 새로운 기술이 많이 개발되는 것으로 유명하다. 여성들의 브래지어에 도입된 '형상기억합금'은 뒤틀려도 원래의 모양을 항상 유지하는 기술로 달 탐사 시 아폴로 우주인들이 지구와 교신하기 좋도록 개발한 안테나 재료에서 나왔다. 또 라식 수술은 나사(NASA)의 레이저 기술에서 비롯됐고, 스키 고글에는 우주선용 방습도료가 쓰인다. 최근 피부관리센터에서 많이 활용하는 피부 확대 영상은 NASA가 달 표면 사진을 찍은 후 사진에서 나타나는 그림자를 컴퓨터로 측정해 이미지를 정확하게 재생하는 기술에서 나왔다. 이밖에도 우주에서 개발된 기술은 일일이 열거하기 어려울 만큼 많다. 한국이 우주 개발 경쟁에서 뒤처지면 안 되는 이유가 여기에 있다.

안경이 필요 없는 3D 영화관 기술, 먹는 컴퓨터[40] 등 창소기업의 영역은 무궁무진하다. 보다 크게는 유전공학, 우주항공 산업[41], 해양·플랜트, 항노화 사업, 심지어 농업까지 어느 분야에서 어떤 기술로 창소가 시작될지 아무도 예측할 수 없다. 현재 우리에게 중요한 것은 국민 누구든, 또 어떤 아이디어든 그것이 사업화해 성공할 수 있다면 그 시도가 어떻게든 가능하도록 환경을 만드는 것이다. 그래서 이제 3장에서는 '창소기업하기 좋은 나라'를 위해 우리가 당장 할 수 있는, 아니 해야 하는 일들을 살펴보고자 한다.

Start Up Korea!

정부가 시작하라

앞서 독일경제가 왜 강하고, 또 독일이 왜 미텔슈탄트의 나라로 불리는지 살펴봤다. 그런데 이러한 성공한 그냥 얻어진 것이 아니다. 정확한 현실 진단을 바탕으로 해결책을 모색하고 이를 강력한 캠페인을 통해 추진했기 때문에 가능했다. 여기서 독일의 사례 2개를 간단히 짚어보자.

먼저 '저먼 엔지니어링 운동'이다. 모르는 사람들이 많을 텐데 이 운동이 세계에서 가장 건실한 독일의 경제구조에 기틀을 놓았다. 2차 세계대전에서 패망한 독일은 국토가 쑥대밭이 됐고, 산업시설도 대부분 파괴됐다. 어려운 환경에서 제작되는 독일제품은 싸구려라는 인식이 강했고, 영국제품이 유럽시장을 지배했다. 이때 일어난 독일 사회의 캠페인이 '저먼 엔지니어링 운동'이다. 독일엔지니어링협회

(VDMA)가 "독일 기업은 죽지 않았다. 전쟁에서는 졌지만 산업에서는 지지 않았다."는 모토 하에 독일제품 사랑하기에 나선 것이다. 이 협회의 회원 중 70% 이상이 중소기업이었다. 중소기업이 중심이 된 이 운동은 좋은 제품을 만들고, 독일제품을 사자는 쪽으로 독일인의 마음을 움직였다. 이 운동 후에는 이후 '당신이 독일입니다.' 라는 자부심 갖기 운동이 이어졌고, 이러한 분위기는 1960년 '라인 강의 기적'에 튼튼한 기초가 됐다.

두 번째 독일 경제는 1990년 통일 후유증으로 어려움을 겪었다. 경직된 노동 유연성과 높은 복지혜택은 '독일병' 이라는 조롱으로 불리기도 했다. 사실 45년 동안 정치·경제·사회·문화 영역에서 갈라져 있고, 또 경제력 차이가 현격한 두 체제가 하나로 합쳐지는 것은 쉬운 일이 아니다. 세계 2위의 경제대국인 서독이었고, '사회주의국가의 모범생' 으로 불리던 동독이었는데도 이 정도였으니, 통일한국의 과정은 더 지난할 수 있다. 어쨌든 독일은 10여 년의 어려운 시절을 딛고 다시 세계 최고의 튼실한 경제 강국으로 부활했다. 그 결정적 이유 중 하나는 슈뢰더 총리의 '아젠다 2010' 이었다. 정부 주도 하에 노사정 대타협이 이루어진 것이다. 사측은 고용 안정을 보장했고, 노동자는 임금 인상 요구 및 파업을 자제했다. 그리고 정부는 독일 기업에 대해 법인세 인하를 두 차례나 단행했다. 이런 사회적 합의야말로 경제 발전에 더없이 중요한 발판이 되는 것이다.

사실 캠페인은 한국이 더 강하다. 멀리 일제강점기에도 애국계몽운동부터 물산장려운동, 독립운동까지 쉴 새 없이 이어졌고, 근대화 과정에서는 새마을운동이 있었다. 그리고 IMF 경제위기 때는 금 모으기 운동으로 세계를 놀라게 했다.

이처럼 한 국가나 사회가 대다수 구성원의 뜻을 한데 모으는 캠페인의 힘은 강력하다. 심지어 국경을 넘어 전 세계적인 영향력을 갖기도 한다. 혹시 핑크리본 하면 무엇이 떠오르는가? 유방암 의식 향상 캠페인의 상징이다. 유방암 조기진단으로 여성들의 육체적 고통을 방지하자는 전 세계적인 캠페인에서 비롯된 것이다. 그린피스와 녹색은 환경운동을, 무지개 깃발은 동성애자 인권을 각각 상징한다.

1, 2부에서 상세하게 설명했듯이 창소기업은 2013년 대한민국에 있어 선택이 아닌 필수다. 이것을 소홀히 했다가는 제2의 도약은커녕 샴페인을 일찍 터트린 후 다시 중 · 후진국으로 밀려날 우려가 크다. 그리고 창조경제, 경제민주화, 재벌개혁, 사회통합, 교육 시스템 개선 등에서 창소기업이 긍정적 역할을 할 것이라는 것은 아무도 부인하지 못한다. '독일에 미텔슈탄트가 있다면, 대한민국에는 ○○○이 있다'고 내세울 만한 그 무엇이 있어야 한다. 필자는 그 ○○○을 창소기업이라고 명명하는 것이다.

그렇다면 이러한 시대정신을 각론으로 내버려두는 것이 아니라 적극적인 캠페인으로 사회적 합의와 실천으로 이끌어내야 한다. 창소기업의 가치를 널리 알리고, 정부는 우수 창소기업을 선정해 지원하고, 대기업이나 성공한 창소기업은 스타트업 창소기업에 대한 투자를 아끼지 말아야 한다. 대기업이 '우리는 여러분의 창소기업을 후원합니다.' 라고 먼저 말하는 CF가 어서 나와야 하는 것이다. 사회적으로도 창업에 나서는 것을 두려워하지 말아야 하고, 한때 테헤란로 벤처사업가가 1등 신랑감으로 꼽혔던 것처럼 창소기업가에 대한 사회적 인식이 높아져야 한다.

아무리 좋은 아이디어도 창업과 연결되지 않으면 창소기업이 되지 못하는 것처럼 '창소기업을 만들자'는 캐치프레이즈도 사회적 반향이 없다면 그 효과가 크게 줄어들 것이다. 어쨌든 캠페인이 필요하다. 그리고 캠페인의 시작은 정부가 주도했으면 한다. 특히 지금 박근혜 정부는 창조경제 및 경제민주화를 주창하고 있다. 창소기업은 이 두 가지 핵심개념을 보다 구체화한 것이다. 여기에는 새로 들어선 정치권력이 사회적으로 큰 영향력을 가질 때, 이에 대한 국민들의 기대가 클 때 이 캠페인은 더 효과적이 될 거라는 기대감도 있다.

중소기업청이 맨 앞에서 서고, 중소기업중앙회, 전경련 등 기업단체, 그리고 언론과 학계에서 동참해야 한다. 캠페인과 함께 구체적인 육성책도 제시돼야 한다. 무엇보다 시기적으로 급하다. 지금처럼 온갖 각론이 난무하고, 또 소모적인 이념싸움식 경제논쟁으로 제자리걸음을 한다면 창의성과 중소기업에 매진하는 선진국에게 뒤처질 것이 뻔하기 때문이다. 앞서 소개했듯이 '스타트업(신생기업) 아메리카'를 이미 시작한 미국을 비롯해, 유럽·일본 등은 발 빠르게 움직이고 있다.

대통령이 주도하라

《9988-김용구의 4.0시대 중소기업 이야기》는 이 책이 오마주의 대상으로 삼고, 또 툭하면 언급하고 있는 책이다. 그런데 견해가 다른 것이 하나 있다. 《9988-김용구의 4.0시대 중소기업 이야기》의 저자인 김용구 전 중소기업중앙회장은 중소기업 육성을 위해 현재의 중소기업청을 중소기업부로 격상해야 한다고 주장했다. 일리가 있는 제언이다.

하지만 필자는 좀 다른 의견을 갖고 있다. 정치를 해보면 잘 알 수 있는데 사실 안타깝게도 한국적 상황에서는 정책보다는 의지가 더 중요하다. 시스템이나 정책보다 대통령이 대기업 총수들을 만나 벤처기업 육성을 부탁하면 앞다퉈 돈을 내 기금을 마련한다. 후진적인 모습이라고 비판해도 할 수 없다. 이것이 우리의 현실이다.

그리고 중소기업 육성과 관련한 정책이나 시스템은 세계에서 좋다
고 알려진 것들은 이미 국내에 다 들어와 있다. 제대로 집행하지 못하
는 것이 문제지 정책이나 시스템은 갖추어져 있다. 중소기업 관련 기
관이나 단체를 봐도 중소기업청을 필두로 중소기업중앙회, 중소기업
진흥공단, 중소기업수출진흥센터, 지역별 중소기업종합지원센터, 중
소기업기술정보진흥원, 중소기업기술센터, 중소기업기술공단, 중소
기업융합지원센터, 벤처기업협회, 코스닥협회 등 일일이 언급할 수
없을 정도로 많다. 법률이나 대통령령, 조례, 규칙 등도 마찬가지다.

정책보다는 의지가 중요하다. 대통령이 그렇고, 담당 장차관과 고
위관료가 그렇고, 대기업이 그렇다. 그 시작은 대통령이다. 대통령이
직접 챙겨야 해당 분야가 육성된다. 오늘날 우리의 대기업도 박정희

2013년 4월 29일에 열린 중소기업법률지원센터 설립 1주년 기념 세미나. 김종인 전 새누리당
국민행복추진위원장이 강연을 하고 있다

대통령이 중화학공업을 육성하면서 온갖 특혜와 육성책을 통해 성장한 것이다. 2013년 6월 22일 〈KBS 스페셜〉이 방영한 '수출 100억불' 편에 그 과정이 아주 잘 나와 있다. 예를 들어 1973년 단행된 사채 동결은 지금으로서는 상상도 할 수 없는, 기업의 부채를 동결하는 엄청난 특혜조치였다.

지금의 중소기업이나 창소기업 육성 과제도 대통령이 직접 관장해야 한다. 대통령 직속위원회로 창소기업육성위원회를 두고 정기적으로, 아니 필요에 따라 수시로 관련 정책을 추진해야 한다. '부'가 아닌 위원회가 더 나은 이유는 이렇다. 중소기업부로 행정부 체계에 들어가면 해당 장관이 국무회의에 참석할 수 있지만 민간의 참여가 힘들어진다. 반면 위원회는 관료뿐 아니라 민간기업의 오너, 시민단체, 학계까지 참석이 가능하다. 박정희 대통령 시절 한 경제위원회는 처음 20명으로 시작했다가 200명으로 늘어났고, 시급한 문제를 그때그때 처리했다. 박근혜 대통령도 이렇게 해야 하는 것이다. 김종인 전 위원장도 2013년 4월 29일 대구 중소기업지원센터 강연에서 "민간기업이 참가하는 대통령직속위원회가 필요하다."고 강조했다.

실제로 2013년 8월 20일에 열린 미래창조펀드 출범식은 대통령의 의지가 얼마나 중요한지 여실히 보여준다. 대통령이 창조경제를 강조하자 대기업들의 참여가 잇달으면서 두 달 반 만에 출자금이 목표액 5,000억 원을 훌쩍 넘어 6,000억 원을 확보한 것이다. 여기에는 네이버, 네오위즈, 다우기술 등 벤처 1세대들뿐 아니라 두산인프라코어, 코오롱 등 대기업들도 참석했다. 대기업이 펀드에 출자한 자금은 전체 1/3인 2,000억 원에 이른다.

대통령 직속위원회의 명칭을 '중소기업' 지원위원회가 아닌 '창소기업' 지원위원회라고 한 것은 이미 각종 중소기업 관련 기관과 정책이 있고, 또 창소기업은 중소기업의 가치를 포함하는 보다 구체적인 명칭이기 때문이다. 즉 창소기업을 지원하는 것은 기본적으로 중소기업을 지원하는 것이고, 보다 구체적이면서 창조경제의 가치를 담고 있다는 의미가 있다. 그리고 기존의 동반성장위원회는 창조경제와 경제민주화(중소기업)를 모두 담고 있는 창소기업에 비해 훨씬 약하다. 두루뭉수리한 동반성장이 아니라 창소기업에 나라의 미래가 걸려 있다는 것을 확실히 할 필요가 있는 것이다.

참고로 박근혜 대통령은 당선인 시절 전경련보다 중소기업중앙회를 먼저 방문한 바 있다. 또 취임 이후 첫 번째 현장 방문지로 ICT벤처기업을 선택했다. 이는 중소기업 육성 의지를 보여주는 좋은 실천으로 보인다. 하지만 이렇게 일회성 이벤트가 아니라 상설 위원회를 통해 중소기업, 더 구체적으로 창소기업 지원 정책을 집행해야 한다.

언젠가 한 블로그에서 읽은 대목이 생각난다. 앙겔라 메르켈 총리시절 독일의 외무장관을 지낸 귀도 베스터벨러는 "독일 정부의 주요 외교정책은 중소기업을 위한 경제외교정치"라고 말했다. 우리의 외교부나 산업통상자원부 수장이 이런 말을 한 적이 있던가? 독일이 부럽다면 우리는 더 강하게 대통령이 직접 창소기업 육성을 천명하고, 상설위원회를 통해 적극적인 정책 추진을 보여주면 된다.

이 대목에서 우리는 김종인 전 새누리당 국민행복추진위 위원장의 말을 다시 한 번 새겨들을 필요가 있다.

"중소기업 시대가 와야 한다. 지금의 대기업은 박정희 대통령이 경제 발전을 위해 직접 챙기면서 키운 것이다. 지금의 재벌은 그렇게 만들어졌다. 한국 경제는 어쩔 수 없이 관제의 성격을 띤다. 마찬가지로 지금도 대통령이 직접 중소기업 육성을 챙겨야 한다. 대통령 직속으로 중소기업 문제를 다루는 기구를 설립할 필요가 있다."

창소는 넓고 할 일은 많다

박근혜 정부와 창소기업육성위원회가 할 일은 너무나도 많다. '창소 기업 하기 좋은 나라'가 되기에 필요한 모든 조치를 취하면 된다. 여기서는 몇 가지 시급히 개선하거나, 새롭게 도입했으면 하는 정책을 살펴보겠다.

그런데 이에 앞서 창소기업 정책에 있어 중앙정부와 지방정부의 기본 자세를 논하고 싶다. 이제껏 한국의 중소기업 지원 정책을 보면 할 말이 참 많다. 중소기업 지원은 현 정부뿐 아니라 과거 정부도 주력했던 분야다. 선거 때 표 때문에 그런지 다들 중시하겠다고 강조했다. 그런데 만족할 만한 성과는 없었다. 일자리, 중소기업 지원, 복지 분야는 지구상의 모든 나라가 중점을 두고 있다. 남의 좋은 것은 잘도 가져다 쓰는 까닭에 효과적 지원책은 이미 우리나라에 다 들어와 있다. 그런데도 우리는 더 새로운 것이 없나 하며 선진국을 찾아다니며 계속 새로운 방안을 찾고 있다.

잡초는 원래 무성한 법이다. 하지만 곡식에는 질서가 있다. 씨를 뿌리는 절기가 있고, 김을 매는 시기가 있다. 병충해를 예방하고, 가뭄·홍수도 대비해야 한다. 다 순서가 있다. 중소기업 지원이나, 일자리·복지 문제도 법률과 제도보다 문제의식이 중요하다. 그리고 목표와 질서를 세우는 것이 먼저다.

앞서 설명한 지역균형발전을 위한 기업 유치를 보자. 공기업은 정부가 밀어붙인다고 해도 대기업은 지자체의 열망과는 반대로 수지타산에 따라 잘 움직이지 않는다. 그렇다면 대기업 유치로 공력을 낭비하느니 차라리 중소기업부터 시작하는 것이 옳은 방법이다. 해당 지역에 탄탄한 중소기업이 있다면 대기업의 수지타산이 달라지고, 이에 따라 대기업이 먼저 이전을 희망할 수도 있기 때문이다.

좀 단순화시켜 정리하자면 이렇다. 중앙정부는 정부 역량의 4분 1을 쏟아 창소기업 등 중소기업 육성에 매진해야 한다. 지방정부는 그 몫이 더 커져 절반 이상을 지역 중소기업 육성에 쏟아야 한다. 그래야 실질적인 경제 발전, 사회 통합, 지역 발전 등이 가능하다.

정부는 먼저 중소기업의 성장을 막는 제도부터 손볼 필요가 있다. 무슨 이야기인가 하면 중소기업 지원책이 오히려 중소기업의 성장을 막는 독소조항으로 작용한다는 것이다. 이는 철학이 부재하고, 또 법조항이 정책 집행에 있어 유연성이 떨어져서 생기는 문제다.

우리나라 중소기업은 제조업 기준으로 근로자 300인 이상 또는 3
년 연속 매출 1,500억 원이다. 기업이 성장하면 당사자가 기뻐해야 하
는데 우리는 그렇지 못하다. 중소기업을 탈피하는 순간 조세에서 부
담만 32가지가 늘어나고, 이외에도 장애인 고용 의무, 보육시설 설치
의무 등 규제가 25가지 증가한다. 이 때문에 능력이 되어도 중소기업
에서 벗어나지 않으려고 하는 기업이 83.7%나 된다. 실제로 자회사를
설립하든지, 외주를 준다든지, 임시 근로자를 고용한다든지 하여, 중
견기업으로 일부러 올라서지 않은 기업이 46.1%나 된다. 심지어 중소
기업을 졸업한 기업이 된 후 얼마 안 가 도산하거나 다시 중소기업으
로 전락하는 경우도 많다.

이래서는 한국형 미텔슈탄트, 즉 창소기업이 성장하기가 쉽지 않
다. 중소기업이 대기업으로 올라서면 중소기업 특혜는 일부 없어지더
라도 세계시장에서 맹활약할 수 있도록 또 다른 장려 제도도 제공해
야 하는 것이다.

상속세 쇼크

자본주의와 사유재산제도 하에서 가족 사랑은 지극히 당연한 것이다.
자기 자식에게 좋은 교육을 시키고, 보다 많은 경제적 혜택을 주려고
하는 것은 인지상정이라는 얘기다. 단, 이것이 경제 정의를 훼손하지
않는 선에서 이루어져야 한다. 문제는 몇 대를 거쳐 가업 승계를 하는
일본이나 유럽의 백년 중소기업들을 부러워하면서도 오히려 우리는
제도적으로 이를 막고 있다는 점이다. 대표적인 게 상속세다. 가업을

상속해도 최고 65%까지 과도한 세금을 내야 한다. 그럴 바에야 청산하는 게 낫다는 인식이 팽배할 정도다.

대표적인 것이 앞서 언급한 중소기업 '쓰리세븐(777)'의 상속세로 인한 매각 사건이다. 1975년 설립 이래 30여 년간 세계 손톱깎이 시장을 제패한 쓰리세븐에 위기가 찾아온 것은 2008년이었다. 위기의 원인은 바로 상속세. 창업주 김형규 회장이 갑자기 세상을 떠나면서 2006년부터 가족과 임직원들에게 나눠준 주식 240만여 주, 370억여 원어치는 증여가 아닌 상속이 됐다. 증여자가 5년 내 사망하면 상속으로 간주한다는 법률 때문이었다. 결국 150억 원에 달하는 상속세로 인해 결국 이 회사는 한 제약회사로 매각됐다가 다시 다른 기업으로 팔려가는 아픔을 겪었다. 과도한 상속세가 전도유망한 기업 하나를 나락으로 떨어뜨린 셈이다.

이런 사례는 부지기수다. 연매출 3,000억 원[42]에 달하는 탄탄한 제조업을 일군 한 창업주는 현행 세법에 따라 아들에게 회사를 물려줄 경우 절반(50%)을 세금으로 내야 할 처지다. 적게 잡아도 150억 원이 넘는다. 그래서 '괜히 회사를 키웠나.' 하는 생각과 함께 회사를 매각하거나, 규모를 줄이는 방안을 고민 중이다.

현재 국내 중소기업에 대한 상속 · 증여세는 조세 형평성을 잃었다는 비판이 크다. 기본적으로 상속세 · 증여세 제도의 가장 핵심은 물

---

42 현행 세법은 연매출 2,000억 원 이하 기업을 대상으로 상속 재산의 70%만 300억 원 한도로 공제해준다.

려받는 재산을 불로소득으로 본다는 것이다. 따라서 세율도 무척 높다. 우리나라의 상속세 및 증여세의 최고세율은 지난 2000년부터 50%다. 이는 경제협력개발기구(OECD) 국가 상속세 최고세율의 평균인 26%의 2배 규모다. 예컨대 100억 원의 자산을 물려주려면 50억 원을 토해내야 하는 셈이다. 2004년부터 상속세 및 증여세가 열거주의에서 완전포괄주의로 변경되면서 상당수가 자산물납(物納) 제도를 활용하고 있다. 쉽게 말해 주식으로 세금을 대신 납부하는 방식인데 이것도 1년만 지나면 공개입찰을 통해 시장에 풀려나와 경영권을 위협하기도 한다.

대기업과 비교해 상식적으로 이해되지 않는 제도의 허점도 있다. 대한전선, 교보생명, 태광산업 등 주요 중견기업들은 상속세로 1,000억 원 이상을 냈다. 반면 국내 유수의 대기업들은 적게는 120억 원에서 많게는 730억 원의 상속세를 냈다. 이는 대기업들의 경우 치밀한 상속 전략을 세워 신주인수권부사채(BW) 등 편법을 동원해 상속세를 적게 냈기 때문이다. 반면 편법에 능숙지 못한 중견·중소 기업들은 그렇게 하지 못하는 실정이다.

상속·증여세는 국세 중 차지하는 비중이 1% 내외에 불과하다. 가업 승계를 가장 어렵게 만드는 세금이지만 실제 국가에 기여되는 부분은 극히 일부에 그치는 셈이다. 이러니 각종 절세 방법과 최고 세율 구간 낮추기, 거액의 종신보험 가입, 재산 처분 후 해외도피 등 꼼수와 불법이 판을 치기도 한다. 이러한 현실은 중소기업 생태계의 위축, 나아가 고용에도 심각한 악영향을 끼칠 수밖에 없다.

이에 정부는 2007년 중소기업의 영속성 유지 및 중소기업의 사전 상속 활성화를 위해 창업자 생전에 자녀에게 사전 상속할 수 있도록 세제를 지원하는 내용의 관련법을 개정했다. 10년 이상 사업을 영위한 60세 이상의 부모로부터 물려받을 경우 공제를 통해 상속세를 대폭 줄여준다는 의도였다. 그런데 이는 결과적으로 불충분하다. 기준이 까다롭고, 상속 후 10년간 국세청 눈치를 봐야 하기 때문이다. 실제로 국세통계연보에 따르면 가업 승계 특례를 적용받는 기업은 매년 평균 겨우 50곳 안팎에 불과하다.

중소기업인들은 과도하게 높은 최고세율(최고 50%)을 낮추고 현행 특례 규정을 확대하기를 희망하고 있다. 상속세를 좀 깎아주더라도 상속 때문에 문을 닫거나 가업을 다른 곳에 넘기기보다는 기업이 지속될 경우 걷히는 법인세가 더 많기 때문이다.[43]

해결책은 몇 가지 있다. 일단 공제 대상을 연매출 1조 원까지 넓히는 것이다. 중견기업연합회에 따르면 1,442개 중견기업 중 매출액이 2,000억~5,000억 원인 기업은 294개, 5,000억 원~1조 원인 기업은 모두 127개다. 공제 대상을 2,000억 원이 아닌 1조 원으로 넓힐 경우 최소 400여 개 기업이 혜택을 볼 수 있다.

또 현행 상속법의 각종 독소조항도 시급히 개선해야 한다. 먼저 상

---

43 중소기업중앙회와 한국세무학회에 따르면 상속세 전액 감면으로 인한 세수 손실은 가업 승계 뒤 납부할 법인세·소득세 등으로 충당할 수 있다는 연구 결과를 최근 내놨다. 가업 승계 후 중소기업들이 부담해야 할 평균 상속세는 92억 4,500만 원으로 추정됐다. 그런데 상속세를 면제할 경우 이들이 3년간 납부하는 법인세, 소득세, 부가세 등은 평균 91억 8,800만 원으로 충분히 상쇄할 수 있다는 설명이다.

속 공제가 피상속자 한 명이 가업을 물려받았을 때만 적용된다는 조항은 '형제의 난'을 부추겨 기업 경쟁력을 훼손하기도 한다. 그리고 상속인이 최소 2년간 가업에 종사해야 한다는 요건과 30억 원에 불과한 사전 증여 공제 한도, 신사업 진출을 방해하는 10년간 자산의 20% 이상 처분 금지 조항도 문제가 있다는 지적이 많다.

물론 상속세 면제가 '부의 대물림'의 수단이 되어서는 안 된다. 창업주의 개인 재산이나 기업의 비사업성 재산은 철저하게 상속세를 매겨야 한다. 단, 공장·설비 등 기업용 자산에는 상속세 면제 혜택이 필요하다.

창소기업, 혹은 기존의 표현대로 중견·중소기업은 국민소득 3만 달러 시대의 주역이 국가경제의 버팀목이다. 이들이 상속세로 인해 경영에 곤란을 겪어서는 안 되는 것이다. 참고로 세계적으로 중견기업이 가장 많은 독일의 경우 각종 상속 혜택이 있으며, 미텔슈탄트는 거의 상속세를 내지 않는다.

벤처캐피털을 키우자

창소에는 돈이 필요하다. 좋은 아이디어를 갖고 있는데 창업에 필요한 초기비용이 없어 고민하는 예비창업자가 많다. 이들을 정부, 대기업, 성공한 벤처기업, 투자자 등이 적극 지원해야 한다.

물론 한국도 이제는 이런 시스템을 어느 정도는 갖추고 있다. 액수도 제법 크다. 문제는 외양이 아닌 내용이다. 현재 벤처 투자를 보면 86% 가량이 기술보증과 정책자금 융자 등 간접금융이 주를 이루고 있다. 또 투자도 돈이 필요한 초기 단계에 이루어지는 비율은 10%에 불과하고 대부분 이미 성장 단계에 접어든 기업에 투자한다. 돈이 꼭 필요할 때 공급되지 않는 것이다.

이래서는 안 된다. 혁신형 창업 기업에 대해서는 직접금융 방식의 벤처캐피털 투자가 이루어져야 한다. 돈을 빌려주는 것이 아니라 투자해야 하는 것이다. 창소기업의 실패를 창업자 혼자 짊어져서는 안 된다. 그리고 투자는 창소기업이 필요로 할 때 이루어져야 한다. 이익이 보장되는 형태의 투자는 진정한 의미의 창업투자가 아닌 것이다.

이렇게 창소기업에 대한 적재적소식 투자가 가능하려면 벤처캐피털 즉 창업투자회사의 능력을 키워야 한다. 즉 기술에 대한 시장의 평가가 제대로 이루어지는 생태계를 만들어야 하는 것이다. 단시일 내에 미국처럼 능력 있는 기술 에이전시들이 저절로 출연하기를 기다릴 수만은 없다. 그래서 한국은 정부가 창투사와 에이전시들을 육성해야 한다. 펀드를 조성해 이들에게 폭넓은 기회를 제공하고, 교육을 실시하고, 한편으로는 부당한 투자에 대해서는 조치를 취해야 한다.

창소기업 육성을 위해 정부가 할 일은 끝도 없다. 예컨대 재벌개혁 등 경제민주화 관련 사항은 앞서 수차례 언급했고, 정부도 이미 손을 대고 있다. 이밖에도 법률, 외국인 노동자, 복지, 교육, 병역[44] 등 거의 사회 전반에 걸쳐 크고 작은 세부 정책을 미시적으로 실천해야 한다.

특히 교육제도는 가장 중요하다. 결국 창소기업도 사람이 하는 일이기 때문이다. 다음 장에서는 교육 문제를 집중적으로 다룬다.

44 우리는 의무병제인 까닭에 젊은이들의 군 입대 기간도 생산적으로 활용할 필요가 있다. 이스라엘에서는 군복무가 우리처럼 낭비로 인식되지 않는다. 주 특기별 우수 인재를 뽑아 2~3년 동안 자기 특기를 살릴 수 있도록 교육과 프로젝트를 실시한다. 군대 경험이 향후 사회에서 진로를 개척하는 데 큰 도움이 되는 것이다. 실제로 탈피오트, 8200부대와 같은 엘리트 부대는 중·고등학교 때부터 인재를 발굴한다. 고교 졸업 후 부대에 스카우트된 엘리트들은 수준 높은 기술을 습득하며 자연스럽게 창업을 준비한다. 이스라엘의 창업정신은 군대라는 특수성도 활용하는 것이다.

바보야, 문제는 교육이야

바보야, 문제는 교육이야

하도 많이 인용돼 이제는 진부한 맛이 더 강하지만 '문제는 경제야, 바보야(It's the economy, stupid)!' 라는 유명한 말이 있다. 1992년 미국 대선 국면에서 아주 히트한 구호로 경제 문제를 응축한 이 말 덕분에 당시 민주당의 빌 클린턴 후보는 현직 대통령인 조지 허버트 워커 부시(아버지 부시)를 제치고 승리할 수 있었다. 워낙 이 말이 유명하다 보니 책 제목 등 여저저기에서 '문제는 ○○○이야, 바보야.' 가 널리 쓰였다.

이 장의 제목을 이렇게 시작한 것도 장기적이고, 궁극적인 관점에서 창소기업의 최대 성공인자는 교육이기 때문이다. 앞서 소개한 넥슨의 김정주 회장도 자신의 성공 비결에 대해 '사람에 대한 신뢰' 라고 말한 바 있다. 그만큼 사람이 핵심이고, 그런 사람을 키워내는 교육제도가 중요한 것이다.

사실 한국의 교육 문제는 별도로 책 한 권을 써도 부족하다는 느낌이 들 만큼 총체적인 사항이다. 오죽하면 교육 문제(좀 좁게는 대입제도 및 사교육)에 대한 해결책 하나만 확실히 들고 나와도 대통령은 떼어놓은 당상이라는 말이 나오겠는가? 개인적으로도 정치인으로 기회가 되면 교육개혁에 대한 구상을 담은 책을 한 권 내고 싶다. 다만 여기서는 창소기업과 관련해 한정된 범위의 교육 문제를 살펴보겠다.

본격적인 창소기업과 교육 문제 고찰에 앞서 한 가지 기본적인 개념이 무척 중요하다. 교육은 사실 교육 자체로만 봐서는 안 되는 것이다. 교육은 어른들이 실제 삶을 살아가는 사회상과 맞닿아 있는 것이다.

왜 없는 살림에 사교육에 목을 매고, 심지어 교육이 무서워 애까지 낳지 않을까? 그리고 왜 그토록 명문대학에 진학하려고 우리의 아이들과 부모들은 목숨을 걸까? 여기에 대한 분명한 인식이 없이는 아무리 입시제도를 바꿔도, 또 공교육 정상화를 소리 높여 외쳐도 미봉책이 될 가능성이 높은 것이다.

사실 간단하다. 한국에서는 좋은 대학을 나와야 부와 명예에 대한 접근성이 좋아진다. 특히 "부자 되세요!"라는 말이 한국 사회를 강타할 정도로 부는 도덕적 판단을 떠나 가장 중요한 성공의 척도로 여겨지고 있다. 애써 부인하고 싶어도 우리의 현실이 그러하다. 대학을 나오지 않아도, 좋은 기술이나 아이디어 혹은 성실함이 있다면 더 크게 성공할 수 있어야 한다. 그래야 공부에 적성이 없는 아이들이 입시공부로 내몰리지 않고, 학부모들은 지나친 교육비 부담을 덜 수 있다.

독일의 경우를 보자. 벽돌공과 대학교수가 나란히 이웃하고 산다. 우리네 같으면 신분 및 소득 차이가 제법 날 것이다. 아니, 이렇게 이웃이 되는 것 자체가 어려울 수도 있다. 그런데 독일은 그렇지가 않다. 벽돌공의 수입이 더 많은 경우가 허다하다. 결코 과장이 아니다. 2011년 독일의 대표적인 주간지 〈디 차이트(Die Zeit)〉의 추적 조사 보도는 의미심장하다. 이 보도에 따르면 독일은 매년 아비투어라는 대입자격시험을 보고 대학에 가는 인원이 30만 명 정도다. 그런데 산학연계 직업 훈련을 마치고 취업하는 인력은 70~80만 명이다. 〈디 차이트〉는 이들이 향후 사회적 지위가 어떻게 달라지는지 추적한 것이다. 결론은 장황한 설명보다 압축적으로 묘사한 다음 표현 하나면 충분할 듯싶다. "직업 훈련의 과정을 거쳐서 기술자로 나온 사람은 사회 진출 10년 뒤 고급차인 '신형 포르쉐'를 타는 반면, 대학에 진학한 30만 명은 대중차인 중고 폭스바겐을 탄다."

교육 문제의 해결책은 어른들의 사회에서 찾아야 한다. 독일처럼 대학에 가지 않고, 기술을 배워도 더 잘살 수 있다면 누가 아이들에게 스트레스 주고, 엄청난 비용[45]을 들여가며 대학에 보내려고 하겠는가?

보다 구체적으로 우리네 사회에 이를 적용하면 대졸자와 직업훈련원 출신(고졸자)의 임금격차가 줄어야 한다. 아니 오히려 좋은 기술을 습득하고, 대졸자의 대학 기간(4년)에 숙련도를 높인 경우라면 후자가 더 많은 소득을 올려야 한다. 그리고 직업훈련원 출신이 주로 취업하

---

45 더구나 독일은 대학 학비가 거의 없다.

는 곳은 중소기업(독일식으로는 미텔슈탄트)이다. 중소기업의 임금 수준과 근무 환경이 지금에 비해 획기적으로 좋아져야 한다. 또 그러기 위해서는 중소기업이 잘나가야 한다. 이윤을 많이 내고, 고용안정성을 갖춰야 한다. 좋은 중소기업이 많아져야 하는 것도 당연하다.

이 책에서 그토록 창소기업을 강조하는 것도 이것이 '한국의 고질병'으로 불리는 교육 문제와 직결돼 있기 때문이다.

창소기업의 출발은 교육이다

'닭이 먼저냐? 달걀이 먼저냐?' 처럼 들리겠지만 역으로 창소기업은 좋은 교육이 없이는 불가능하다. 결국 창소기업도 사람이 하는 일이다. 핵심은 사람이 경쟁력인 것이다. 창의적 아이디어도 사람에게서 나오고, 이를 구체화해 비즈니스화하는 것도 사람이다. 이 두 가지가 물 흐르듯 자연스럽게 진행되는 창소기업 육성 정책도 사람이 만든다. 창소기업의 모든 의제가 사람의 경쟁력을 높이는 것으로 모아져야 한다. 즉 창소기업을 할 만한 좋은 인재가 끊이지 않고 나오는 사회가 돼야 한다.

그런데 우리에게는 문제가 있다. 앞서 한국사람은 기본적으로 머리가 좋고, 손재주가 많다고 강조했다. 하지만 결정적으로 우리네 교육 시스템은 이 값진 자산을 제대로 활용하지 못하도록 만든다. 대학을 졸업한 후 직업 교육을 받고, 연간 100조 원에 가까운 교육비를 쏟아붓고도 정작 산업에 필요한 인재를 구하지 못하는 게 우리의 현실이다. 아무리 오바마 미국 대통령이 수차례 칭찬했다고 해도 한국 교육은 실패했다.[46]

2011년 〈이코노미스트〉는 이와 관련해 아주 뼈아픈 지적을 했다. "한국은 '한 길로만 가는 사회(one-shot society)'다. 대학에 안 가면 낙오자가 되는 분위기다. 그런데 독일은 여러 가지 선택의 길이 있는 사회(5~10-shot society)다. 물론 최고경영자가 되기는 어렵지만 차별이 적어서 아이들이 굳이 대학에 가려고 하지 않는다. 한 독일 교수는 어릴 때 책을 좋아했는데 할머니한테 기술 배울 생각 않고 쓸데없이 책 본다고 자주 혼났다고 한다."

획일성이야말로 창의성의 가장 큰 적이다. 그런데 머리 좋은 한국의 아이들은 획일적으로 명문대학만 추구하는 한 가지 선택만 강요받고 있는 것이다. 참고로 대학진학률을 보면 우리가 부러워하는 복지 강국들이 즐비한 북유럽은 30%, 독일은 36% 수준이다(한국은 80%로 세계 최고 수준). 이들은 실사구시 정신을 바탕으로 학문을 장식품이나 경쟁의 도구로 생각하지 않는다.

〈한겨레신문〉의 곽정수 기자도 핵심을 꿰뚫어봤다. 그는 '독일의 경우 대학·실업계 진로 선택을 초등학교 고학년 때 선생님이 한다.

---

46 오바마 대통령이 높이 평가한 것은 미국에 비해 월등한 한국의 교육 열기지, 교육 시스템이 아니다.

우리는 그렇게 하면 난리날 것'이라고 꼬집었다.

미래학자 앨빈 토플러도 한국의 교육 문제를 질타했다. '한국 학생들은 하루 15시간 동안 학교와 학원에서 미래에 필요하지 않은 지식과 존재하지도 않을 직업을 위해 시간을 낭비하고 있다.'는 것이다. 나중에 학생들이 갖게 될 직업의 60%는 지금은 없는 것으로 미래에 새로 생길 것이라는 점을 고려하면 심각성은 더욱 커진다.[47]

2장 창의성 파트에서 소개한 '천지인'의 조관현 씨의 말도 가슴에 와 닿는다. "한국에서는 공부를 잘 못했어요. 미국에서 고등학교를 다니면서 공부를 잘하기 시작했습니다. 미국 교육은 사람의 장점을 간질이는 것 같습니다. 칭찬을 통해 동기 부여를 해요. 그런 교육을 받아서인지 생각이 자유로운 편입니다. '불편한데 왜 이렇게 안 되지?', '어떻게 하면 될 수 있을까?' 하는 생각을 많이 합니다. 한국의 교육 시스템, 경제 구조가 창의력 발휘를 막는 것 같아요. 대기업이 시장을 장악하고 있으니 작은 기업이나 개인이 탁월한 아이디어를 내놓아도 사장되는 경우가 많습니다." 한국의 교육 시스템이 똑똑한 우리 아이들의 창의성을 짓밟고 있다는 것을 생각하면 가슴이 답답하기만 하다. 우리 아이들 중 미국·독일 등의 나라에서 태어났다면 엄청난 창의력을 발휘할 일을 할 수 있는 경우가 얼마나 많겠는가?

---

47 가깝게는 10~20년 후의 미래사회에 펼쳐질 직업 세계는 우리네 상상을 뛰어넘는다. 한국고용정보원에서 발간한 《2012년 한국직업사전》에 따르면, 10년 전에 비해 IT 등에서 1,300여 개의 새로운 직업이 생겼다. 세계미래학회는 25년 후의 인기 직업으로 인공지능 기술자 등을 미래에 생길 직업으로 꼽고 있다.

이 같은 지적이 아니더라도 우리네 교육 현실이 암담하다는 것은 주지의 사실이다. 이것을 보다 구체적으로 분석하면 한국에서는 제대로 된 직업 교육이 이루어지지 않는다는 점이다.

현대사회에서 직업은 생계수단을 넘어 자아실현과 자기정체성 확립의 원천이며, 유능한 직업인 육성은 교육의 중요한 기능이다. 그런데 기업이 우수 인재를 뽑아도 많은 예산을 들여 연수를 시켜야 하는 것이 우리 직업 교육의 현주소이다. 2012년을 기준으로 한국에는 43만 명의 청년 실업자가 있지만 열악한 근무환경 등으로 중소기업 취업을 기피해 중소기업은 21만 명의 인력이 부족하다.

흔히들 고등학교 과정에서 직업 교육의 대표적인 것으로 불리는 실업계 고교를 보자. 성적이 모자라서 특목고나 인문계 고교 대신 선택하는 경우가 대부분이다. 그리고 인문계 고교생 중 상당수도 원하는 대학에 진학하지 못한다. 그리고 이미 오래전부터 이들을 대상으로 직업 교육이라는 이름 하에 소질 계발, 특기 · 적성 교육, 맞춤형 직업 교육, 동아리 활동 강화, 산학 협력 확대 등이 오랜 세월 대안으로 추진돼왔다. 심지어 학교 이름의 이미지가 나쁘다며 마이스터고, 특성화고등학교까지 만들었다.

그런데 이게 잘 안 됐다. 오히려 과거보다 퇴보했다. 예전에는 집안이 어려워 상고나 공고를 택한 학생들 중 우수한 인재가 많았다. 실제로 이들이 고교 졸업 후 금융계나 산업계로 뛰어들어 크게 성공한 경우도 제법 많았다. 최근 몇몇 대기업이 정부 시책에 호응한다고 고졸 사원을 선발하고, 이를 언론에 알리는 '보여주기식 채용'과는 다른 것이었다. 이런 사례가 오히려 과거에 비해 더 줄었으니 직업 교육이 뒷걸음쳤다고 하는 것이다.

독일의 경영학자와 CEO들은 독일 경제 시스템 성공의 가장 핵심 요인으로 직업 훈련 제도를 꼽는다. 북유럽 국가들도 그렇지만 독일은 아예 교육 시스템이 대학 진학과 직업 훈련 2가지로 양분화돼 있다. 장인(마이스터) 칭호를 받는 고졸 학력의 전문가들이 현장에서 크게 대우받는다. 수입은 대졸자를 능가한다. 예컨대 실력 있는 요리사는 소득뿐 아니라 사회적 지위도 상당히 높다.

그런데 마치 미텔슈탄트와 마찬가지로 직업 교육도 다른 나라들이 독일의 강점을 잘 알고 따라 하려고 해도 잘되지 않는다. 미국, 스페인, 중국 등 주요국들은 이미 경제위기 상황에서 독일식 교육 훈련 제도에 대해 관심을 두고 있다. 특히 중국은 아예 시험적으로 운영하고 있을 정도다.

이유는 명확하다. 다시 한 번 강조하지만 교육 문제의 해법은 교육 자체만으로 접근해서는 결코 성공할 수 없다. 창소기업 육성 등과 같은 사회구조 개선이 선행돼야 한다. 곽정수 기자도 "몇 개의 독일 정책을 우리 사회에 적용한다고 해결될 문제가 아니다. 많은 나라가 독일 모델을 배우려고 하지만 안 되는 이유는 사회체제와의 조응이 안 되기 때문이다. 그래서 정부와 국회가 할 일은 단편적으로 어떤 정책을 따와서 적용하려는 단견적인 방식보다는 강점을 가진 독일 모델의 핵심이 우리 사회와 어떻게 다른지, 그것이 작동하기 위한 조건을 어떻게 만들어야 하는지 장기적 안목에서 접근해야 실질적인 성과가 나올 것이다."라고 분석했다. 또 '황의 법칙'으로 유명한 황창규 성균관대 석좌교수[48]도 2013년 6월 〈매일경제〉 칼럼에서 "21세기 경제 성장에는 사회제도 개혁이 전제되어야 한다."고 강조했다.

직업 교육 문제도 앞서 설명한 대로 근본적인 해결책은 학력에 따른 임금 격차를 타파하는 것, 창소기업을 육성하는 사회적 변화에 있는 것이다. 그것이 병행되지 않으면서 학교 현장에서만 시행되는 직업 교육 개선 노력은 그래서 매번 실패로 끝나는 것이다.

또 세대별 맞춤형 직업 교육도 마찬가지다. IMF 이후 평생직장의 개념이 깨지면서 40, 50대에 직장을 나오는 장년층이 많다. 그리고 평균수명이 길어지면서 60, 70대 노년층의 노동력을 활용하는 것도 사회적 과제다. 그래서 청소년을 대상으로 하는 직업 교육뿐 아니라 세대별 맞춤형 직업 교육이 중요한 것이다. 그런데 이것도 창소기업과 직결된다. 일자리의 질이 중요한데 40대 이상 노동력을 흡수할 양질의 일자리는 대부분 대기업이 아니라 창소기업에 있다. 창소기업이 활성화되면 이들이 제2의 직업으로 생활 안정화는 물론 자아실현을 이룰 수 있는 기회가 많아지는 것이다.

2012년 한 조사에 따르면 대한민국 초등학생의 희망 1위 직업이 공무원으로 나왔다. 이건 아니다. 초등학생의 희망 직업이 공무원이라

---

48 삼성전자 기술총괄 사장을 거쳐 2010년부터 3년간 국가CTO(지식경제부 R&D 전략기획단 단장)를 지냈다. 2002년 "메모리반도체 집적도는 1년에 두 배씩 늘어난다."는 이른바 '황의 법칙'을 발표하면서 세계적인 반도체 분야의 권위자로 인정받았다. 황의 법칙은 2008년 삼성이 128GB짜리 NAND플래시 메모리를 발표하지 않으면서 깨졌다.

니 도저히 수긍하기 어렵다. 발명가나 과학자까지는 아니더라도 프로 야구 선수나 연예인이 되는 희망을 가지는 것이 더 낫다. 청소년은 꿈이 있어야 한다. 특히 무한 상상력을 바탕으로 스스로의 일을 만들겠다는 미래에 대한 도전이 필요하다. 아이들이 "20살이 되면 창소기업을 세워 세계적인 기업으로 일구겠다."고 주저 없이 말하는 날이 빨리 왔으면 좋겠다.

악마의 대변인

앞서 창조경제의 모델로 유명하다고 소개한 이스라엘은 '토론식 교육'이 뿌리 깊은 문화로 자리잡고 있다. 학생들은 항상 '왜'라는 질문을 입에 달고 다닌다. 학교뿐 아니라 가정교육도 그렇다. 한국의 경우 일방적 훈계와 암기교육이 주를 이루지만 이스라엘은 이야기를 끝까지 듣고 토론하고 결론에 이르는 사고방식이 보편화돼 있다.

이와 관련해 재미있는 장면이 하나 있다. 이스라엘의 초등학교에서는 수학시간에 손가락 발가락을 이용하면서 계산하는 학생들이 많다. 그 이유는 간단하다. 이스라엘 교육에서는 구구단을 가르치지 않기 때문이다. 이스라엘은 구구단 암기보다 어떤 논리로 숫자가 계산되는지를 가르치고 있다. 그래도 노벨상 수상자를 가장 많이 배출했다.

토론에서는 찬반이 있다. 따라서 무엇인가를 말하려면 남들과 다른 생각이 있어야 한다. 창의성은 달라야만, 즉 다양성이 바탕이 되어야만 가능하다. 즉 토론에서 창의성이 나오는 것이다. 또 토론에서는 비판적 의견을 수용하는 자세가 매우 중요하다. 나와는 다른 남의 의견을 무시하거나, 일방적으로 찬동만 한다면 토론 자체가 성립되지 않기 때문이다.

토론과 관련해 '악마의 대변인(Devil's Advocate)'이라는 재미있는 개념이 있다. 우리 식으로 하면 반대를 위한 반대라고나 할까, 열띤 논의가 이루어지도록 일부러 반대 입장을 취하는 사람을 뜻한다. '반대를 위한 반대'는 우리네 어감에서는 좋지 않은 의미로 사용되지만 '악마의 대변인'은 좋은 뉘앙스를 가진다.

예컨대 이는 비즈니스에도 필요하다. 어떤 의사결정을 할 때 반대하는 사람이 있어야 리스크를 줄일 수 있기 때문이다. GM의 설립자인 알프레드 슬로안은 어떤 안건에서 이사 전원이 동의하기 때문에 결정을 보류하고 다시 토론에 부친 바 있다. 모두 동의한다면 위험성이 커진다는 것이다. '현대 경영학의 아버지' 피터 드러커도 의사결정에 무비판적으로 동의하면 위험하다고 말했다.

아직도 권위주의 문화가 남아 있는 우리나라에서는 기업들이 예스맨을 키우기보다는 토론을 통해 합리적인 의사결정을 하는 문화가 절실하다. 건강한 비판과 충분한 토론이 부족한 나머지 '하얀 코끼리'[49],

---

49 white elephant. 돈만 많이 들고 쓸모는 없다는 뜻의 관용어. 옛날 태국의 왕이 마음에 들지 않는 신하를 망가뜨리기 위해 신성한 하얀 코끼리를 선물했다는 일화에서 유래했다. 코끼리를 먹이자니 비용이 엄청나고, 또 신성한 동물이자 왕의 선물인 하얀 코끼리를 죽일 수도 없기 때문이다.

즉 애물단지가 된 대형 사업이 다수 있기 때문이다.

또 토론은 실수나 실패에 대한 격려와 분발이 자연스럽게 이루어지도록 만든다. 토론 과정에서 논거가 약해 날카로운 비판을 받는 등 고전하는 경우가 있다. 이런 고충을 겪은 학생은 보통 좌절하지 않고 즉각적으로 더 나은 논리를 개발하거나 다음 토론을 대비해 꼼꼼한 준비를 하게 된다. 미국에서는 디베이트 대회가 참 많다. 참가자들의 열성이 대단하고, 심지어 TV로 중계되기도 한다. 토론자들이 능력을 키워가는 모습은 보는 이들에게 감동으로 다가온다.

어쨌든 토론이 주는 교육 효과는 아주 크다. 개인적으로 〈100분 토론〉 등 제법 많은 시사 프로그램에 출연한 바 있는데 우리나라는 토론 문화가 참 저급하다. 논리가 아니라 억지를 부리는 경우가 많고, 아예 논점에서 벗어나 엉뚱한 소리를 하는 사람도 있다. 또 논리가 부족하면 반대편 사람을 인신공격하는 일도 비일비재하다.

그리고 미국 등 선진국에서는 토론뿐 아니라 거의 모든 수업에서 요구하는 글쓰기(에세이)에서도 '비판적 글쓰기(Critical Writing)'를 강조한다. 창의성은 다르게 생각하는, 즉 기존의 것을 비판하는 데서 시작하기 때문에 토론에 나서지 않는 학생들에게 항상 이런 자세를 주문하는 것이다. 박사학위 논문도 표절하고, 학교 숙제는 인터넷에서 긁어다가 아무 죄의식 없이 제출하는 우리 식의 베끼기를 범했다가는 큰일 난다.

참고로 혹시나 혼동의 우려가 있어서 설명하는데 여기서 토론을 강조하는 것은 천재적인 아이디어가 토론을 통해 바로 나오기 때문이 아니다. 사실 위대한 아이디어는 대부분 천재 한 명의 사고에서 비롯된다. 스티브 잡스나 빌 게이츠가 토론을 통해 혁명적인 아이디어를 낸 것이 아니다. 잡스는 심지어 시장 조사도 할 필요가 없다고 했다. 남의 의견을 무시하는 등 독선적인 기업 경영으로 자기가 세운 회사에서 쫓겨나기도 했다. 토론이 중요한 것은 잡스나 게이츠 같은 인물이 나올 수 있도록 어려서부터 그 자질을 키워주기 때문이다. 즉 창의성을 키우는 환경 조성이라고 할 수 있다.

《퍼스트 무버》의 저자 피터 언더우드는 2012년 한 강연에서 이렇게 말했다. "결론적으로 한국이 성공하려면 창조성을 키우고 효율성도 높여야 한다. 능력 있는 몇 사람의 주장만 따른다면 '퍼스트 무버'가 될 수 없으며 여러 사람의 주장을 수용해야 '퍼스트 무버'가 될 수 있다. 자신의 아이디어도 스스로 비판할 수 있어야 한다. 그렇게 되면 국민들의 행복지수도 높아질 것이다. 변화를 택한다면 세계적으로 1등 국가가 될 수 있다. 나는 지난 50~60년간 모든 위기를 극복하고 성공한 한국에서 살고 있다. 국민들이 비판적 사고와 이견에 대해 수용하는 토론 문화, 즉 '악마의 대변인'를 활용한다면 5,000만 한국인은 성공한 국민이 될 것이며 세계적인 '퍼스트 무버'가 될 수 있다고 생각한다."

다양성이 정답이다

2013년 6월 즈음으로 기억한다. 비슷한 시기에 나온 뉴스 2개를 접하고 '이건 아니다.' 싶은 생각이 들었다. 첫 번째 뉴스는 교육 비리였다. 한 국제중학교의 입시 비리가 터졌는데 그중 한 명이 삼성그룹 차세대 회장의 아들이었다. 이 학교에 편법으로 입학한 사실이 알려지자 이 재벌 4세 아들은 중국 상하이로 유학을 떠났다.

마침 이쯤에 일본의 〈교토통신〉이 북한의 엘리트 양성 학교인 만경대혁명학원의 속살을 보도했고, 이것이 국내 언론에도 소개됐다. 만경대혁명학원은 평양의 만경대 구역에 있는 북한의 특수학교다. 당초 김일성이 항일운동가들의 유가족을 위해 설립했는데 지금은 조선노동당과 군부의 중추세력을 양성하는 북한 최고의 명문학교가 됐다. 유치원에서 고등학교 과정까지 1,000여 명의 남학생이 재학 중인데

'북한의 귀족학교'인 만경대혁명학원에서 컴퓨터 수업 중인 학생들

전교생이 기숙사에서 생활하고, 인공잔디 축구장, 육상트랙, 외국산 최신 PC 등 시설이 뛰어나고, 교과 과정의 70%가 사실상 군사교육이라고 한다. 심지어 교복 자체가 인민군 장교 복장이다. 출세가 보장되는 엘리트 코스로 북한판 귀족학교라고 할 수 있다.

필자가 얘기하고 싶은 것은 '왜 대한민국에는 재벌 4세를 교육시킬 학교가 없냐?'는 것이다. 보다 노골적으로 '세계 10위권의 경제 대국인 대한민국에 귀족학교 하나쯤 있으면 안 되냐?'는 것이다. 세계적인 사립학교가 넘쳐나는 미국과 영국은 물론, 평등을 강조하는 사회주의국가도, 심지어 북한도 특별한 학교를 운영한다. 일본에는 황족과 귀족 들이 다니는 학교로 유명한 가쿠슈인이 있다.

그런데 한국에서는 많은 돈을 들여서라도 특별한 교육을 시키고 싶어도 불가능하다. 그렇게 하려면 외국으로 아이들을 보내야 한다. 이래저래 사회적 손실이 많은 것이다.

돈이 많은 사람은 교육에 돈을 많이 쓰라고 유도해야 한다. 어차피 이 정도 되면 성인이 된 그들이 평범한 삶을 살지는 않을 것이다. 교육 덕에 평범한 사람의 몫을 침해할 가능성은 지극히 낮다. 오히려 그들이 돈을 많이 들여 좋은 교육을 받으면 부모로부터 물려받은 자산을 더 잘 사용할 가능성도 높아진다.

대신 공교육은 철저하게 무상으로 가야 한다. 그래야 개천에서 용이 나올 수 있다. 등록금 반값이 아니라 무상 교육이 되어야 한다. 돈이 있든 없든 머리 좋은 사람은 공부를 할 수 있는 환경을 만들어야 하는 것이다. 이게 핵심이다.

앞서 우리의 교육을 바로 세우기 위해서는 사회적으로 학력에 따른 임금차별이 타파돼야 하고, 교육현장에서는 토론 문화 활성화가 이루어져야 한다고 강조했다. 그런데 이것이 쉽게, 그리고 하루아침에 달성되기는 어렵다. 창소기업 육성 등으로 대기업 위주의 경제 시스템을 개선하면서 사회의 인식 변화를 유도해야 한다. 이와 동시에 교육현장의 변화도 단계적으로 이끌어내야 하는 총제적인 해법이 필요한 것이다.

그렇다고 지금 당장 교육 분야에서 할 일이 없다는 것이 아니다. 특히 교육의 다양성 확보는 지금도 가능하다. 즉 제도의 다양성은 생각보다 어렵지 않게 확보할 수 있다. 무상교육을 전제로 한 공립학교가 튼실하게 기초를 다지는 가운데 극소수를 위한 귀족학교도 있고, 직업 교육을 시키는 기술학교 등 가능한 다양한 학교가 생겨야 한다.

이와 관련해 2013년 9월 벌어진 국사 교과서 논쟁은 참 안타깝다. 다양성을 인정하지 않으려는 대립식 사고방식을 전제로 불필요한 공격성을 띠는 사람들이 많기 때문이다. 아무리 한국 사회에서는 '다르다(different)'를 '틀리다(wrong)'로 간주하는 경향이 짙다고 하지만 그렇다 해도 좀 심하다는 느낌이 든다. 역사는 원래 다양한 해석이 가능한 학문이다. 국사 교육은 결코 국사 선생들의 것이 아니다. 국사 선생이나, 대학에서 국사를 가르치는 교수 모두 완벽할 수 없다. 누구도 국사를 자기들 주머니의 물건으로 착각해서는 안 된다. 치명적인 오류가 없다면 견해가 조금 왼쪽으로 쏠린 교과서도 있고, 반대로 오른쪽에 비중을 더 둔 교과서도 있어야 한다. 다 똑같은 것보다는 그게 낫다.

다양성을 추구하는 교육의 변화는 선택이 아닌 필연이다. 그리고 시기의 문제이지 대한민국이 살아남기 위해서는 앞으로 가야만 하는 길이다. 언젠가 이런 변화가 온다. 늦어지면 그만큼 손해일 뿐인 것이다.

창조경제를 외치면서 과거의 교육제도를 답습하는 것은 모순이다. 예컨대 반값 등록금, 학자금 대출 확대 등이 2012년 대선 이후 대학 교육의 키워드로 작용하고 있는데 이게 모순이다. 미국에서도 학자금 융자를 갚기 위해서 창업이 아닌 취업을 선택하는 경우가 많다는 비판이 나오고 있다. 이런 식의 정책은 창조경제의 걸림돌이 될 수 있다. 이미 대학의 구조조정은 시작됐다. 대입 수험생보다 대학 정원이 더 많은 시대가 된 것이다. 창소기업 육성으로 대졸자와 고졸자의 임금 격차를 해소하고, 교육제도의 다양성을 확보하면 '대학 안 나오면 인간 구실 못한다.'는 말이 사라지게 된다. 부모가 공부하라고 자식을 쥐어짜지도 않고, 모두가 대학 등록금 걱정을 하지 않아도 되고, 취업을 위해 대학 졸업을 부러 연기하는 기현상도 없어질 것이다. 그렇다. 문제는 교육이다. 그리고 그 정답은 다양성이다.

결코 포기할 수 없는 것들

지금도 잘 때 베개를 베지 않는다. 대학 시절 이후 버릇이 됐기 때문이다. 나는 고향 울진에서 중학교를 졸업하고 대구에서 고등학교를 마쳤고, 대학은 서울에서 다녔다. 집안이 특별히 어려운 것은 아니었지만 그 시절 시골 출신이 대도시에서 유학하는 것은 녹록지 않았다. 울진중학교 20년 역사에 3명뿐이라는 경북고 입학시험에 합격한 덕에 나만 집안에서 고등학교와 대학 유학이라는 특혜를 받은 것이다.

지극하신 부모님 덕에 대학등록금 걱정이 남들보다 크지 않았던 것에 감사할 뿐이었다(아버님은 2013년 팔순을 맞았는데 아직도 고향마을 이장을 하고 계신다). 다만 주로 하숙이나 자취를 하는 친구의 방을 다니며 신세를 질 때가 많았는데 베개를 가지고 다닐 수는 없었다. 이것이 지금까지 베개를 베지 않는 이유가 되었다. 대신 때에 찌든 코트의 왼쪽에는 숟가락, 오른쪽에는 칫솔을 꼭 넣어 다녔다. 얻어먹고, 이빨은 닦아야 했으니까.

자세히 밝힐 수는 없지만 나는 당시 연좌제에 걸려 있었다. 행시와 사시 1차를 합격했지만 덧없는 일이었다. 원래 76학번인데 유신 말기로 시대가 험했다. 재수도 하고, 학교를 그만두는 등 대학을 3번이나 다녔다. 군복무를 하고 있는데 전두환 대통령 때 연좌제가 없어졌다. 그래서 제대하면서 사법시험 1차에 붙고 이듬해 2차에 합격했다. 우리 나이 서른에 합격해서 서른둘에 검사로 발령을 받았다. 크게 늦었다고는 할 수 없지만 나름 청년 대학생 시절 우여곡절이 많았다.

나는 운동을 많이 한다. 남들이 거의 중독 수준이라고 말한다. 내 또래들이 즐기는 등산은 물론 스키, 수상스키, 사이클, 수영까지 한다. 뭐 운동신경이 뛰어나거나 특별히 스포츠를 사랑해서가 아니다. 군에서 양쪽 무릎연골을 크게 다쳤고, 대학 때부터 좋지 않았다. 그래서 안 아프기 위해, 정상적으로 걷기 위해 운동을 하는 것이다. 수영은 검사 임용 후 지금까지 24년가량 거의 매일 하고 있다. 강도 높은 운동의 경우 자전거와 등산을 각각 한 달에 3회 이상 한다. 해마다 지리산 종주도 하고, 겨울에는 스키장에 자주 간다. 워낙에 내가 열심히 하니까 국가대표 출신 스키 코치가 "국가대표 하실 일 없잖습니까?

더 이상 가르칠 게 없으니 레슨 그만하시라.”고 말할 정도였다.

개인사를 가지고 관심을 끄는 것은 내 스타일이 아니다. 법률가로 정치인으로, 그리고 중소기업연구지원센터소장으로 미래에 대한 비전과 논리를 갖고 승부를 하는 것이 옳지, 지나치게 감성에 호소하는 것은 휘발성이 강하다고 생각하기 때문이다. 그럼에도 불구하고 책의 끄트머리에 몇 가지 개인사를 꺼낸 것은 이 책을 출판하는 데 많은 도움을 받은 유병철 기자로부터 ‘대중적으로 알려진 이미지’와 ‘실제 삶’이 달라도 너무 다르다는 말을 많이 들었고, 또 살짝이라도 언급을 했으면 좋겠다는 권유를 받았기 때문이다.

그런가? 내 실제 모습과 대중적 이미지가 다른가? 내 대중적 이미지가 어때서? 뭐 크게 상관치 않는다. 억지로 바로잡고 싶다고 그렇게 되는 것이 아닐 것이고…. 그럼에도 권유를 받아들인 것은 내 삶의 속 모습이 창소기업을 조금이라도 알리는 데 도움이 된다면 마다할 수 없었기 때문이다.

그렇다. 나는 좋은 대학을 나와, 검사 생활을 하고, 국회의원을 두 번이나 지냈다. 남들이 보기에는 특별할 수도 있는 삶이다. 하지만 역으로 남들만큼 고뇌가 많았던 젊은 시절이 있었고, 무릎을 크게 다치고 큰 수술을 받은 육체적 아픔도 겪었다. 잘한 게 하나 있다면 좌절하지 않고 노력으로 문제들을 정면돌파했다는 것 정도일 것이다.

살아오면서 가까운 집안이나 지인 중에 작은 기업을 하다가 고충을 겪거나, 취업 문제로 속앓이를 하고, 돈 때문에 하고픈 공부를 제대로 못한 경우를 수도 없이 봐왔다. 심지어 사업 때문에 자살한 집안 동생도 있다. 성공한 사람들도 있겠지만 수적으로 그렇지 않은 경우가 더 많았다. 예컨대 내 친누나는 고등학교까지 반장과 1등을 도맡아 하는 등 출중했지만 대학에 가지 못했다. 이제는 초로에 접어든 누님을 보면 어린 시절 그토록 명석했던 모습이 겹쳐 아련한 생각이 든다. 이런 경험은 나뿐만 아니라 여러분들도 마찬가지 아닌가?

창소기업은 우리 경제의 발전과 도약을 위한 가치다. 앞서 '엘브루스의 정리'에서 말한 생업과 미래를 위한 가치다. 그래서 결코 포기할 수 없는 것이라고 생각한다.

끝까지 부족한 글을 읽어준 독자들에게 감사한다. 그리고 최소한 이 책에서 강조한 창소기업의 논리와 미래 비전을 조금이라도 이해해 준다면 고맙겠다.

2013년 10월

에베레스트 칼라파타르(5,550m)로 떠나며

주성영

창고의 다윗

지은이 | 주성영
펴낸이 | 김경태
펴낸곳 | 한국경제신문 한경BP

제1판 1쇄 인쇄 | 2013년 11월 4일
제1판 1쇄 발행 | 2013년 11월 8일

주소 | 서울특별시 중구 중림동 441
기획출판팀 | 02-3604-553~6
영업마케팅팀 | 02-3604-595, 583 FAX | 02-3604-599
홈페이지 | http://bp.hankyung.com
전자우편 | bp@hankyung.com
T | @hankbp   F | www.facebook.com/hankyungbp
등록 | 제 2-315(1967. 5. 15)

ISBN 978-89-475-2936-5   03320

값 14,000원

파본이나 잘못된 책은 구입처에서 바꿔드립니다.